Rügen-Kochbuch

Geschichten und Rezepte von Rügen & Hiddensee

Rügen-Kochbuch

Geschichten und Rezepte von Rügen & Hiddensee

STRANDLÄUFER VERLAG

© **Strandläufer Verlag**
Peter Hoffmann
www.strandläufer-verlag.de

1. Auflage | Juni 2011

F O T O N A C H W E I S

Titel | Seite 7 | 154 | 155 | 182 | 183
Siegfried Vitense

Seite 6 | 212 | 213
Peter Hoffmann

Seite 68 | 69
Mönchguter Museen Göhren

Seiten 10 | 11 | 38 | 39 | 94 | 95
Museum der Stadt Bergen auf Rügen

Seite 128 | 129
Stadtarchiv Sassnitz

Alle bedruckten Materialien
dieses Buches sind chlorfrei und
umweltschonend.

Rezepte
Birgit Vitense | Katrin Hoffmann
Texte
Birgit Vitense
Umschlag | Illustrationen | Layout | Satz
Harald Larisch
Druck
Hoffmann-Druck Wolgast

I S B N 9 7 8 - 3 - 9 4 1 0 9 3 - 0 9 - 6

Willkommen auf Rügen & Hiddensee

Es gibt viele Möglichkeiten, sich Deutschlands größte Insel »einzuverleiben«. Wir laden Sie dazu ein, es auf ganz wörtliche Weise zu tun. Erforschen Sie mit uns die Küchengeheimnisse dieses Eilands.

Nicht kulinarischer Hochgenuss, sondern solide Ernährung war einst das Ziel der Rügener Küche. Tüften, Wruken und Kohl sowie Hering, Zander oder Maischolle im Wechsel der Jahreszeiten. Bodenständig, deftig, einfach. Der Hang zum Süßen im Herzhaften – wie etwa die Backpflaumen zum Rippenbraten – entstammt dem schwedischen Erbe des Landstrichs. Ein ganz natürliches Konzept, das derzeit wieder sehr modern klingt.

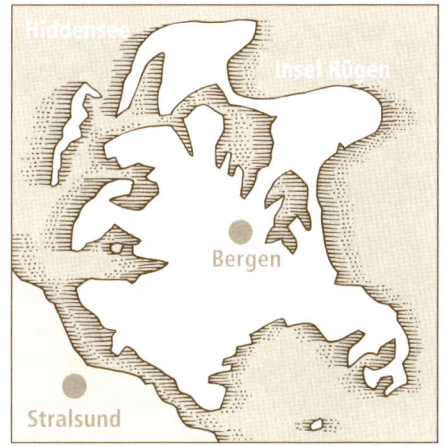

Gerade dieser Bodenständigkeit verdankt Rügen einige Spezialitäten, die weit über seine Küsten bekannt wurden. Allen voran die Pommersche Gans, eine leistungsstarke und geschmacklich hoch geschätzte Geflügelrasse, die heute in ganz Europa gezüchtet wird. Oder an die 400 Sorten Kartoffeln. Eine Vielfalt, die erst durch die Industrialisierung ausgedünnt wurde, denn in Groß-

küchen musste die Beilage sozusagen einer DIN-Norm entsprechen, um massenweise geschält und gegart zu werden.

Heute bemühen sich engagierte Landwirte auch auf Rügen, die alten Sorten zu erhalten und damit fast vergessene Qualitäten zu bewahren. Gleiches gilt für alte Obstsorten – ob Apfel, Birne, Kirsche oder Quitte, die in den vor mehreren Generationen mit großem Sachverstand angelegten Obstgärten der Insel noch immer prächtig gedeihen. Auch nicht vergessen sollte man den Wittower Kohl, den Breeger Hecht oder den Sanddorn-Saft, die ebenfalls Markenzeichen dieser Region waren, sind und wieder werden.

Rügens heutige Küche baut auf ihre kulinarische Tradition, aber sie bietet weitaus mehr.

Da ist das Wildbret aus den Wäldern im Norden der Insel, da sind Lämmer und Rinder von saftigen Weiden, deftiges Landbrot nach alter Hausrezeptur, Leberwurst »wie von früher«, Käsebällchen, die auf der Zunge zergehen. Und der Hering – einst das Brot des armen Mannes – ist längst zum Mittelpunkt manch kulinarischer Inszenierung der Extraklasse aufgestiegen.

Natürlich hat es immer schon Einflüsse von außen gegeben: Mal war die Insel dänisch, mal pommersch, mal schwedisch, mal preußisch. Und nicht zuletzt trugen Seeleute Mitbringsel aus aller Welt nach Haus, auch solche zum Schmecken und Riechen.

Das hat natürlich die Kochgewohnheiten beeinflusst. Aber eine Insel wäre keine Insel, wenn sie nicht doch relativ abgeschieden geblieben wäre.

Und der Rüganer versteht es mitunter vortrefflich, auf seinen althergebrachten Sitten und Gebräuchen zu bestehen. Man sagt ihm ja auch nach, dass er besonders gern und reichlich esse. Schön satt wollte man vom Tische aufstehen.

Doch schaut man in die Geschichte, so war für übermäßigen Appetit die Speisekammer oft gar nicht reichlich genug gefüllt. Ergab sich die seltene Gelegenheit bei Hochzeiten und anderen Festen, so haben die Leute dann natürlich ordentlich geschlemmert. Geflügelte Worte wie »Dörch de Kehl geht väl« oder »He frett as'n Schüündrescher« lassen das Ausmaß solcher Festlichkeiten erahnen. Meist aber blieb der sparsamen Hausfrau wenig Spielraum für phantasievolle Gerichte.

Wir möchten mit Ihnen einen kulinarischen Streifzug über Rügen und seine Schwesterinsel Hiddensee unternehmen, halten an interessanten Orten inne, kramen auch ein wenig in der Geschichte. Und wir haben allerlei Rezepte historisch überlieferter, aber auch zeitgemäß zubereiteter Speisen aus regionalen Zutaten zusammengetragen. In diesem Buch stecken sehr persönliche Erinnerungen vieler

Rüganer und Hiddenseer, neben kulinarischen Kompositionen von Kochprofis der Region. Damit möchten wir Ihre Lust wecken, eigene Pfade über die Insel zu suchen – unseren Spuren oder immer der eigenen Nase nach. Und zu Hause dann: Nachkochen natürlich!

Viel Vergnügen beim Lesen und Ausprobieren wünschen

Birgit Vitense & Katrin Hoffmann

Meeresumschlungen und kreidegrün,

märchendurchdrungen und heldenkühn.

Herden im Haage, reifendes Feld,

flüsternde Sage, Lug in die Welt.

Gerhart Hauptmann

Vom Rügendamm zur Insel-Mitte

Jahrtausendelang war Rügen eine »richtige« Insel – erst mit dem Bau des Rügendamms 1936 wurde sie dauerhaft mit dem Festland verbunden. Vorher verkehrten Fährschiffe und noch früher Ruderboote. Bereits 1240 hatte Fürst Witzlaw I. das Dorf Vehre der Stadt Stralsund überschrieben. Ein kluger Schachzug für die Hansestadt, sicherte sie sich doch damit die Verkehrsrechte zur Insel Rügen. 1856 pendelte der erste Raddampfer zwischen Stralsund und dem heutigen Altefähr.

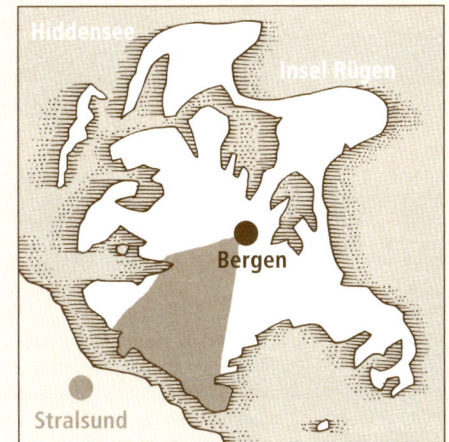

Durch ihre zerklüftete Küstenlinie ist keine Stelle auf der Insel mehr als sechs Kilometer vom Wasser entfernt. Haupterwerb vieler Rüganer war daher zu allen Zeiten der Fischfang. Das allein ernährte die Familien allerdings meist nicht, so dass sie oft nebenher noch eine bescheidene Viehwirtschaft betrieben. Auf den meisten Fischerhöfen hielt man für den Eigenbedarf ein Schwein und diverses Federvieh. Besser Begüterte konnten sich auch eine Kuh leisten.

Zu Zeiten von Missernten oder Kriegen aber herrschte bitterste Not. Das Leben der einfachen Leute war dann oft vom Überlebenskampf bestimmt. Besonders verheerend war die Zeit zwischen 1627 und 1631, als in Deutschland der 30-jährige Krieg tobte. Eine Pest-Epidemie sowie wechselnde Besatzungen und damit einhergehende Plünderungen und Verwüstungen dezimierten auch die Bevölkerung dieses Landstriches drastisch.

Besonders üppig soll es der Herzog von Holstein getrieben haben, als er sich zu jener Zeit mit 6800 Soldaten nebst Tross in Bergen ein-quartierte.

Allein für die Tafel des Herzogs musste unter anderem täglich das Folgende herangeschafft werden:
ein halber Ochse, ein halbes Schwein, zwei Schafe, ein Kalb, sechs Hühner, zehn Pfund gedörrtes Fleisch, 20 Pfund Stockfisch, zehn Pfund Butter, vier Pfund Speck, 20 Eier, anderthalb Tonnen Bier, je ein Scheffel Erbsen, Hafer und Gerstengrütze, eine halbe Tonne Essig, eine halbe Tonne Salz, Wein, Gewürze und Konfekt.

Die meisten Nahrungsmittel für die Familie mussten in der eigenen Wirtschaft erzeugt werden. Um über den Winter zu kommen, nutzten die Rüganer also vielfältige Methoden des Haltbarmachens. Kartoffeln und Rüben wurden eingekellert, Fleisch und Fisch gepökelt, geräuchert oder luftgetrocknet. Die Felder brachten Weizen, Gerste, Hafer und Buchweizen hervor, zum Teil auch Erbsen, Linsen und Hirse. Obstbäume lieferten die Zutaten für kräftigen Kuchen und besagte liebliche Note in vielen Fleischgerichten.

Ende des 19. Jahrhunderts kamen Wochenendausflüge in Mode. Die Stralsunder setzten zur Insel über, badeten, aßen selbst gebackenen Kuchen oder Brote. Bald entstanden Ausflugslokale in Altefähr und Grahlerfähre. Damals war es noch durchaus üblich, sich mit der gesamten Familie und mitgebrachtem Kaffee unter freiem Himmel an den Holztischen des Lokals niederzulassen. Einige konnten es sich auch schon leisten, in der Speisekarte auszuwählen.

Milchsuppe
mit Apfel-Klüt

Der Tag der einfachen Leute begann meist mit einer Milchsuppe, genannt Klüt-Suppe oder Klackerklieben-Suppe. Dazu ein Schmalz- oder Butterbrot mit Rübensirup, und schon ging es an die Arbeit. Auch als Nachtmahlzeit gab es oft noch einmal eine Milchsuppe. Neben den Klüt – kleinen Mehlklößchen – waren als Einlage auch Reis oder Graupen üblich.

Die Milch mit dem Salz aufkochen, dann etwas Zucker dazugeben. Für die Klüt in einer Schüssel die Eier gut mit den ganz klein gewürfelten Apfelstückchen vermengen, dafür am besten die Hände benutzen, damit das anschließend darübergestreute Mehl an den Äpfeln haftet. Die bemehlten Stückchen kommen in die kochende Milch und ziehen darin gar. Wenn sie oben schwimmen, ist die Suppe fertig.

1 l Milch
3 Eier
2 Äpfel
200 g Mehl
2 EL Zucker
1 TL Butter
1 Prise Salz

Wer es besonders süß liebt, kann noch etwas Rübensirup hinzufügen.
Die Suppe schmeckt auch als »Ber'n un Klüt« mit Birnen – am besten einer alten Sorte wie »Knebelow«.

Milch-Knoblauch-Suppe

Knoblauchzehen abziehen, fein hacken und in einem Topf in 1 EL Öl andünsten. Die Milch darübergießen und alles fünf Minuten leise köcheln lassen. Kartoffelstärke in etwas kaltem Wasser anrühren und die Suppe damit binden. Noch einmal kurz aufwallen lassen. Mit Salz, Pfeffer und geriebener Muskatnuss kräftig abschmecken. Das Weißbrot in mundgerechte Stücke zerreißen und auf den Tellern verteilen. Die Suppe darüberfüllen und mit dem übrigen Olivenöl beträufeln.

6 Knoblauchzehen
3 EL Olivenöl
1 l Milch
2 EL Kartoffelstärke
Salz, Pfeffer
Muskat
1/2 Weißbrot

Flugente

Die Ente innen und außen salzen. Die Zwiebel und den Apfel in Stücke schneiden, den Brotkanten reiben. Die Ente mit der Mischung aus Zwiebeln, Obst, etwas Zucker und Brot füllen und mit Küchengarn oder Rouladennadeln verschließen. Den so vorbereiteten Vogel in einen Bräter legen, etwas Wasser angießen und in den vorgeheizten Backofen schieben.

1 ausgenommene Flugente
1 säuerlicher Apfel
(z. B. Boskop)
10 Backpflaumen
1/2 Tasse Rosinen
1 Kanten Schwarzbrot
Zucker

Die Ente etwa alle 15 bis 20 Minuten mit dem Bratfond übergießen. Bei Bedarf etwas Wasser nachfüllen. Je nach Größe des Bratens 2,5 bis 3 Stunden garen. Hierzu schmecken Klöße und Rotkraut. Traditionell werden am häufigsten aber Salzkartoffeln gewählt.

»Im Gasthaus ›Grahlerfähre‹ bin ich schon geboren und ich hab all die Jahre auch hier gelebt.
Schon als kleines Kind bin ich ständig hinter unserer Kellnerin Marie Siegmeier hergeflitzt, weil ich immer bei allem dabei sein wollte. Sie war so was wie die gute Seele des Hauses und hat es geduldig ertragen, wenn ich ihr am Rockzipfel hing.
Mit zwölf hab ich dann selbst schon hinterm Tresen gestanden. Zuerst hat mir mein Vater noch auf die Finger geschaut, aber bald konnte ich das allein. Das war eigentlich nicht wie arbeiten für mich. Meinen Eltern hat die Wirtschaft gehört und da war es selbstverständlich, dass ich mitgeholfen habe.«

Lieselotte Dursteler
Jahrgang 1929, aus Grahlerfähre

Bauernfrühstück*

*Guten Appetit! wünscht Lieselotte Dursteler
vom »Gasthof Grahlerfähre«

Die abgekühlten Kartoffeln pellen und in gleichmäßige Scheiben schneiden. In einer Tasse die Eier aufschlagen und mit Pfeffer und Salz verquirlen. Zwiebeln, Knoblauch und Schinken klein würfeln und in der Pfanne anbraten. Die Kartoffelscheiben hinzugeben. Ist alles schön gebräunt, schiebt man es in der einen Hälfte der Pfanne zusammen und gießt das gequirlte Ei darüber, so dass sich das Ei in der ganzen Pfanne verteilt. Wenn das Ei fest ist, wird die dünne Ei-Hälfte mit einem Pfannenwender über die »volle« Hälfte geschlagen.
Mit aufgefächerten Gewürzgurken garnieren.

8 Pellkartoffeln
8 Eier
400 g Schinkenspeck
2 Zwiebeln
nach Geschmack Knoblauch
Salz und Pfeffer
4 Gewürzgurken

Der Ort Grahlerfähre bestand immer schon aus nur einem Gehöft, dem heutigen Gasthaus. Es ist eine typische Ausflugsgaststätte, 1898 erbaut. Man schaut von hier genau auf den Strelasund.
Die Stralsunder Familien kamen im Sommer schon morgens mit dem Ausflugsdampfer herüber, nach 1936 auch viele mit dem Zug über den neuen Rügendamm. Und sie blieben den ganzen Tag. Vor dem Gasthaus standen Tische und Bänke bis hinunter zum Wasser, an die 400 Plätze waren das. Viele brachten sich Kaffee und Kuchen mit, einige aber aßen auch im Lokal.
Und heute noch kommen von Zeit zu Zeit diejenigen her, die als Kind hier schwimmen gelernt und rote Fassbrause getrunken haben. Und schwelgen in Kindheitserinnerungen ...

Schürzkuchen*

*Originalrezept von Charlotte Jürgens, geb. Frank (1906-1985), der Mutter von Lieselotte Dursteler

Schürzkuchen ist den Mutzen ähnlich, die es heute auf den Weihnachtsmärkten gibt. Auch früher wurden sie traditionell im Herbst und Winter genascht. Im Sommer hatte man dafür keine Zeit. Und außerdem wurde im Herbst geschlachtet, so dass es genug Schmalz zum Ausbacken gab. Schürzkuchen werden nämlich nie in Öl, sondern in Schweineschmalz gebacken. Den Namen bekamen sie wahrscheinlich, weil sie ein bisschen wie die Schleife einer Küchenschürze aussehen.

Alle Zutaten zu einem Teig verkneten. Dabei nimmt man so viel Mehl, wie der Teig aufnimmt. Dann den Teig etwa einen halben Zentimeter dick ausrollen. Kleine Rechtecke von etwa 2 x 4 Zentimeter Größe ausschneiden. In die Mitte je einen kleinen Schlitz einschneiden und eine Ecke durch diesen Schlitz hindurchziehen. So viel Schmalz erhitzen, dass die Schürzkuchen drin schwimmen. Goldbraun backen, mit einer Schöpfkelle herausheben und etwas abtropfen lassen. Zum Schluss mit Puderzucker bestreuen.

250 g Butter
6 Eier
Salz
Vanille oder Zitrone
Zucker nach Geschmack
1 EL Backpulver
etwa 250 g Mehl
Schweineschmalz

Schellhering

Die Salzheringe zwei Tage lang wässern und dann in je drei Teile schneiden.
Aus Zwiebelringen, Essig, Piment, Lorbeer, Zucker und Salz eine Marinade bereiten und über den Fisch gießen. Das Ganze zwei weitere Tage durchziehen lassen.

8 Salzheringe
2 Zwiebeln
4-5 EL Essig-Essenz
Salz
3 EL Zucker
4 Pimentkörner
2 Lorbeerblätter
600 g Pellkartoffeln
150 g Speck
8 Eier

Den Speck in Scheiben in der Pfanne auslassen, bis er fast gläsern ist. Je zwei Spiegeleier pro Person darüber aufschlagen und braten. Mit den Heringsstücken zusammen auf einem Teller anrichten. Dazu reicht man warme Pellkartoffeln.

Kochaal

Die Aale abziehen, ausnehmen und kräftig waschen. In fingerlange Stücke schneiden und mit kaltem Salzwasser zum Kochen aufsetzen. Nach dem ersten Aufwallen eventuell den Schaum abschöpfen. Dann die Gewürze, Salbei und die abgezogene Zwiebel in die Brühe geben. Erneut aufkochen lassen und anschließend auf kleiner Flamme garen.

Aal braucht deutlich länger als andere Fischsorten, um weich zu werden, deswegen hin und wieder seine Festigkeit prüfen. Ist der Fisch gar, hebt man ihn vorsichtig aus der Brühe und seiht diese durch ein Sieb.

4 kleine grüne Aale
Salz
1 Zwiebel
6 Pfefferkörner
3 Pimentkörner
2 Lorbeerblätter
8 Salbeiblätter
200 ml Milch
1 EL Speisestärke
1 Bd. Dill

Die Speisestärke in einer halben Tasse kalter Milch anrühren. Restliche Milch mit dem Fischsud in einem neuen Topf aufsetzen und kurz vor dem Siedepunkt andicken. Mit Salz, Zucker und Zitrone abschmecken und zum Schluss den gehackten Dill aufstreuen. Den Aal in der Sauce anrichten und zu Salzkartoffeln reichen.

Gebratene Blutwurst*

*Guten Appetit! wünscht Frank Ihlefeld,
Küchenchef vom »Gasthof Lindenkrug« in Poseritz

Die Wurstscheiben auf einer Seite anbraten, dann sehr vorsichtig umdrehen, da sie leicht zerfallen.
Nach dem Braten auf den gerösteten Brotscheiben anrichten. Die Zwiebel in Scheiben und die Gurken in schmale Streifen schneiden. Beides in der Pfanne schmoren und über die Wurstscheiben verteilen.

4 Scheiben Rotwurst Blutwurst oder Zungenwurst (à 130 g)
4 Scheiben Vollkornbrot
1 Zwiebel
4 Salz- oder Gewürzgurken
Bratfett

»**E**in Gericht begleitet mich schon seit fast 30 Jahren. Das Schlichteste, das man sich denken kann, aber so gut, dass ich es bisher auf jede meiner eigenen Speisekarten genommen habe. Es handelt sich einfach um gebratene Rotwurst oder Blutwurst mit saurer Gurke auf einer gerösteten Schwarzbrotscheibe. Das hab ich mal auf Usedom in so einer einfachen Kneipe aufgetischt bekommen. Ich war erst sehr skeptisch, weil ich Blutwurst als Kind auf den Tod nicht ausstehen konnte. Aber dieses einfache Essen war einfach nur klasse und gehört bis heute zu meinen Lieblingsgerichten!«

Frank Ihlefeld

vom »Gasthof Lindenkrug« in Poseritz

Geschmorte Schweinehaxen
mit Milchkartoffeln*

*Guten Appetit! wünscht Frank Ihlefeld,
Küchenchef vom »Gasthof Lindenkrug« in Poseritz

Die Schweinshaxen von allen Seiten anbraten und mit Wasser ablöschen. Mit einer Zwiebel und Lorbeerblättern sowie dem Backobst mindestens 90 Minuten schmoren. Die abgekühlten Kartoffeln pellen und in dicke Scheiben schneiden. 2 Zwiebeln in Würfel schneiden und mit dem Schinkenspeck in einer Pfanne glasig rösten.

4 magere Schweinshaxen
ohne Schwarte
600 g Pellkartoffeln
1 Tasse Milch
3 Zwiebeln
150 g Schinkenspeck
in Würfeln
3 Lorbeerblätter, Salz
50 g Backobst
Schnittlauch

Die Kartoffelscheiben zugeben, aber nur kurz durchschwenken (soutieren). Dann mit Milch übergießen und etwas stocken lassen. Am Ende reichlich klein geschnittenen Schnittlauch darüberstreuen und mit den Haxen anrichten. Als Nachtisch gibt es dazu Kürbiskompott mit Preiselbeeren.

Mit getrüffeltem Grünkohl gefüllter Kaninchenrücken*

*Guten Appetit! wünscht Axel Gräf,
Küchenchef vom Restaurant »LUV« in Puddemin

In dem kleinen Flecken Puddemin steht seit Kurzem ein modernes Gebäude in Nordisch-Rot und Glas direkt am Wasser. Das Restaurant »LUV« bietet neben dem idyllischen Ausblick auf den Naturhafen moderne leichte Gerichte, die ihre Wurzeln in den Erzeugnissen der Region haben.

Die Kaninchenrücken von Fett und Sehnen befreien und mit den Bauchlappen auslösen. Eine kleinen Trüffel nicht zu dünn schälen. Den herausgelösten Rückenknochen anbraten und daraus mit etwas angerösteem Wurzelgemüse einen Fond kochen. Durchseihen und die sehr fein gehackten Trüffelschalen sowie einen Schuss Madeira hineingeben, dann ganz langsam einkochen lassen.
Die geschälte Trüffel in sehr feine Stifte schneiden.
Ein Gläschen Madeira mit etwas Brandy aufkochen und die Stifte dazugeben, sofort vom Feuer nehmen und beiseite stellen.
Den von den Stängeln gerupften Grünkohl in stark gesalzenem Wasser blanchieren, gut aus-

2 Kaninchenrücken mit Bauchlappen, 1 Kaninchenkeule oder 1 Hühnerbrusthälfte 200 g Grünkohl, 1 frischer Trüffel von mindestens 30 g Madeira, Armagnac o. Brandy 200 ml Sahne, 50 g Butter etwas Wurzelgemüse (Möhren, Sellerie, Petersilienwurzel, Porree), Salz, Pfeffer

drücken und dann grob hacken. Gewürztes Kaninchen- oder Hühnerfleisch fein schneiden und untermengen. Dabei so viel Sahne zugeben, dass die Masse zu einer Paste wird. In diese Farce die Trüffelstreifen geben. Günstigerweise erledigt man das schon am Vorabend, damit das Trüffelaroma gut durchziehen kann.

Die Kaninchenrücken nun salzen, pfeffern und die Innenseite mit der Farce füllen. Die Bauchlappen fest überschlagen, zu Rouladen drehen und mit Spicknadeln befestigen. Rundherum goldbraun anbraten, dann in den auf 175 Grad vorgeheizten Ofen schieben. Je nach Größe 7 bis 10 Minuten garen.
Der Fond sollte zwischenzeitlich stark eingekocht sein.
Zum Binden eiskalte Butterwürfelchen in die Sauce schlagen.
Die Kaninchenroulade aufschneiden und mit der Sauce anrichten.
Dazu ein Kartoffelpüree reichen, das mit Sellerie oder Petersilie aromatisiert wurde.

Dorschfilet
mit Blutwurst und Belugalinsen*

*Guten Appetit! wünscht Torsten Plötz,
Küchenmeister vom Restaurant »LUV« in Puddemin

Das Dorschfilet von Haut und Restgräten befreien. Blutwurst in 8 dünne Scheiben schneiden. Beides kühl stellen. Belugalinsen abspülen, mit Wasser aufsetzen und 20 bis 30 Minuten kochen.
Das Gemüse putzen und würfeln. Butter erhitzen, die Gemüsewürfel farblos darin anschwitzen und mit Balsamico ablöschen. 1 EL Zucker zugeben und auf kleiner Flamme einkochen lassen, bis die Masse dickflüssig ist. Die gekochten Linsen abgießen, mit dem Gemüse ver-

700 g Dorschfilet
150 g Blutwurst vom Metzger
200 g Belugalinsen
1 Karotte, 50 g Sellerieknolle
2 Zwiebeln
200 ml dunkler Balsamico
80 g Butter, 30 ml Walnussöl
50 g Petersilie, Muskatnuss
Zucker, Salz und Pfeffer aus
der Mühle

mengen und mit Salz, Pfeffer, Muskat und Zucker abschmecken. Walnussöl und gehackte Petersilie unterrühren und warm stellen. Das Fischfilet in 4 gleich große Stücke schneiden, von einer Seite anbraten, die Blutwurstscheiben darauf verteilen und alles 8 Minuten bei 150 Grad in den Ofen schieben. Mit dem Linsengemüse anrichten.

»**V**or ein paar Jahren hab ich als Souschef bei Michael Laumen im Restaurant ›Ich weiß ein Haus am See‹ in Krakow gearbeitet. Einmal haben Hausgäste den ›Zander in Blätterteigtasche mit Wurzelgemüse‹ gegessen und waren nicht so ganz zufrieden. Da war der Chef etwas verärgert und hat gegrummelt: ›Da kann ich ja gleich Zander mit Blutwurst füllen und auftischen‹. Ehrlich gesagt fand ich diese absurde Idee gar nicht so schlecht und heute biete ich das auf meiner Karte an. Und es kommt bei den Gästen erstaunlicherweise sogar richtig gut an!«

Torsten Plötz

Küchenmeister im Restaurant »LUV« in Puddemin

Grüne Bohnen-Suppe[*]

*Guten Appetit! wünscht Jürgen Seel
vom Restaurant »Insel auf Rügen« in Götemitz

Das Fleisch in kaltem Wasser aufsetzen und zum Kochen bringen, abschäumen. Außer Bohnenkraut alle Gewürze dazugeben und mindestens 40 Minuten kochen lassen. In dieser Zeit die Bohnen putzen und schnippeln, die Kartoffeln schälen und in kleine Würfel schneiden. Das Fleisch hinausnehmen und in kleine Stücke schneiden. In der Brühe zuerst die Kartoffelstücke zum Kochen bringen. Nach etwa 5 Minuten die Bohnen und das Bohnenkraut hinzufügen. Die Knacker klein schneiden, anbraten und die klein gewürfelte Zwiebel zugeben.

300 g Suppenfleisch vom Rind
800 g Bohnen
400 g Kartoffeln
1 Knoblauchzehe
Salz, Pfeffer, Paprika
1 TL Bohnenkraut
je 1/2 EL Thymian & Majoran
3 Knacker, 1 Zwiebel
Margarine zum Braten
2 EL Mehl, Petersilie

Aus dem Bratensud mit Mehl eine Mehlschwitze bereiten, mit etwas Brühe ablöschen und in den Topf geben. Am Ende ein wenig gehackte Petersilie aufstreuen und frisches Schwarzbrot als Beilage reichen.

Die »Insel auf Rügen« in Götemitz liegt inmitten von Feldern und Wiesen: abgelegen, nur über einen Sandweg zu erreichen, ein Anwesen mit Reetdach. Aber wer den Weg auf sich genommen hat, wird feststellen, dass er ein liebevoll restauriertes Schmuckstück gefunden hat. Ländlich-rustikal und mit allen Annehmlichkeiten ausgestattet. Die Karte ist klein, aber ganz regional. Mit Geflügelsülze von Bauer Kliewe zum Beispiel. Die Gäste sollen sich ja schließlich fühlen wie auf einer Insel jenseits vom Alltag.

Bohnen!

23

Eintopf vom Pommern-lamm mit Kürbis und Zitronengras*

*Guten Appetit! wünscht Mario Mahnke,
Geschäftsführer der »Esskultur Rügen« in Bergen

Das Fleisch in daumengroße Stücke schneiden.
Mit Salz, Pfeffer und Curry würzen, dann in Rapsöl anbraten und wieder aus dem Topf nehmen. Schalotten und Apfel klein würfeln und anschließend in dem Topf glasig schwitzen. Das Fleisch wieder dazugeben, Thymian, Ingwer und Zitronengras als Würze mit hineinlegen. Nun den grob geschnittenen Kürbis zufügen. Mit Kalbsfond aufgießen und das Fleisch weich schmoren.
Gegen Ende der Garzeit das restliche Gemüse unterheben.

600 g ausgelöste Schulter vom Pommernlamm
3 EL Rapsöl
200 g Kartoffeln
500 g Kürbis (z. B. Hokkaido)
120 g Schalotten
150 g Möhren
100 g Sellerie
80 g Ingwer
1 Apfel

2 Tomaten
1 Knoblauchzehe
1 Zweig Thymian
1 Stängel Zitronengras
1 EL Curry
400 ml Kalbsfond

Zitronen!

Das Rauhwollige Pommersche Landschaf mit seinem charakteristischen dunklen Gesicht gehörte jahrhundertelang zum hiesigen Landschaftsbild. 1982 aber gab es auf Rügen gerade noch 46 Muttertiere und sieben Böcke. Die UNO setzte diese alte Landschafrasse daher sogar auf die Rote Liste der vom Aussterben bedrohten Haustierrassen. Die Bestände haben sich zum Glück inzwischen stabilisiert. Denn das Pommernlamm gilt als besonders robust und genügsam, verträgt Nässe und kalten Wind und wird als kulinarischer Genuss besonders geschätzt. Das Fleisch der Rauhwoller, die in Freilandhaltung auf der Halbinsel Drigge leben, gibt es unter anderem bei der »Esskultur Rügen« (Bio- und Regionalwaren) in Bergen.

Hornfisch mit Rhabarber aus Klein Kubbelkow*

*Guten Appetit! wünscht Axel Diembeck,
Inhaber und Küchenchef vom »Gutshaus Kubbelkow«

Horn!

Die Hornfische filetieren, mit Salz und Pfeffer würzen und in Rapsöl braten. Aus den Gräten und Wurzelgemüse einen Fond bereiten. Etwa 400 ml davon auf die Hälfte einkochen lassen. Mit Crème Doublé verfeinern, aber jetzt nicht mehr kochen lassen. Mit Salz, Pfeffer, Koriander sowie Balsamico abschmecken. Etwas frischen Bärlauch einmixen. Einen Löffel Butter in einem Topf erhitzen, die frischen, waschfeuchten Spinatblätter dazugeben, mit Salz und Muskat würzen und den Deckel schließen. Wenn der Spinat zusammengefallen ist, kann er angerichtet werden. Den Hornfisch danebenlegen und mit der aufgeschäumten Sauce umgeben servieren.

2-3 Hornfische, Salz, Pfeffer
Wurzelgemüse
Muskat, Rapsöl zum Braten
100 g Crème Doublé
Koriander, Balsamico
etwas frischer Bärlauch
2-3 frische Spinatblätter
6 Stangen frischer Rhabarber
200 g Zucker, 20 g Butter
100 ml Cassis-Likör

Den Rhabarber schälen und in Stücke schneiden. Den Zucker in einem Topf hellbraun karamelisieren, Rhabarber dazugeben und mit dem Cassis-Likör begießen. Ist der Rhabarber weich gedünstet, etwa 1/3 mit dem Mixstab pürieren und das Kompott abkühlen lassen.
Dazu passt am besten ein gutes Vanille-Eis.

Das Gutshaus von Klein Kubbelkow blickt seit seiner Ersterwähnung 1314 auf eine wechselvolle Geschichte zurück. Beinahe wäre es nach der Wende um das schmucke Anwesen geschehen gewesen, hätte sich nicht Familie Diembeck seiner angenommen. Heute ist das von einem zauberhaften Park umrahmte Gutshaus eine Oase für wahrhaft herrschaftlichen Genuss.

»Als ich neu in die Region kam, wollte ich mich natürlich auch besser mit der Küche der Gegend vertraut machen. Alteingesessene Nachbarn erzählten mir immer von der Spezialität Hornfisch mit Rhabarber. Ich fing an zu experimentieren. Versuchte, Rhabarber als Gemüse zum Hornfisch hinzubekommen, aber irgendwie schmeckte das nicht. Bis mich zur allgemeinen Erheiterung die Nachbarn aufgeklärt haben, dass man den Hornfisch einfach brät und der Rhabarber der Nachtisch ist.«

Axel Diembeck

Inhaber vom »Gutshaus Kubbelkow«

Wrukensuppe
mit Zimt*

*Guten Appetit! wünscht Axel Diembeck,
Inhaber und Küchenchef vom »Gutshaus Kubbelkow«

Die Wruke schälen und in grobe Würfel schneiden. Die Butter auslassen und kurz darin andünsten. Mit Kalbsfond und Öl aufgießen, weich kochen und pürieren.
Dann mit der Sahne auffüllen und durch ein Sieb passieren. Abschmecken mit Salz, Pfeffer, Muskat, Balsamico-Essig und einer Prise Zimt.

**600 g Steckrübe
250 ml Kalbsfond
350 ml Sahne
100 g Butter
2 EL Walnussöl
Salz
Pfeffer
Muskat
Balsamico-Essig
Zimt**

»**W**ruken fand ich zum Kochen immer flach und langweilig. Eines Tages hatte sich aber eine größere Gesellschaft Wrukensuppe gewünscht und da musste ich ja nun wohl oder übel eine kochen. Ich steh also in der Küche, rühre in der Suppe – und sie schmeckt mir nicht!
Auf der verzweifelten Suche nach einem Gewürz zum Retten der ganzen Angelegenheit greife ich ins Regal über dem Herd und reiße den Zimt herunter. Natürlich geht der Deckel auf und bei mir sind die Gewürz-dosen groß … Das war ein Schreck! Schließlich sitzen die Gäste schon draußen am Tisch und warten.
Ich also hektisch mit einer Kelle den Zimt rausgefischt und den Rest untergerührt. Und als ich nun koste, schmeckt die Suppe! Es ist unglaub-lich, aber der Zimt gab der Suppe genau den Geschmack, nach dem ich gesucht hatte.«

Axel Diembeck

Inhaber vom »Gutshaus Kubbelkow«

Fleischsalat*

*Guten Appetit! wünscht Marcus Bauermann, Metzgermeister und Inhaber der Landschlachterei in Gademow

Die Fleischwurst in dünne Streifen schneiden und in eine Schüssel geben. Für die Mayonnaise das Eigelb in eine zweite Schüssel geben und mit 50 ml Olivenöl kräftig aufschlagen, am besten mit einem Schneebesen. Wenn die Masse fester wird, tropfenweise das restliche Öl unterschlagen.

300 g Fleischwurst
1 Eigelb
100 ml Olivenöl
Salz, Zucker
1 TL Senf
1 ausgepresste Zitrone

Ganz wichtig: Alle Zutaten müssen unbedingt die gleiche Temperatur haben. Mit Salz, Zucker, Senf und dem Saft der Zitrone abschmecken und zu einer glatten Masse verrühren. In die Schüssel zur Wurst geben und durchziehen lassen.

Marcus Bauermann setzt auf Tradition, weil sie sich bewährt hat. Auf Geschmack, auf frische hochwertige Zutaten, auf ehrliches Handwerk. Und er hat es damit immerhin zu einem der besten Metzgermeister in ganz Deutschland gebracht (laut »Feinschmecker«, und der sollte es wissen). Marcus Bauermann ist geradezu besessen von Wurst. Hinein darf nur gutes Fleisch von artgerecht aufgewachsenen Tieren, viel Fett, hochwertige Gewürze und Pfannensiedesalz. Emulgatoren und Geschmacksverstärker dagegen sind tabu. Und da er seine Wurst am liebsten mit Freunden genießt, ist klar, dass er auch ein Grill-Fan ist. Wobei selbst gemachte Salate der Bratwurst assistieren dürfen.

Kartoffelsalat
à la Bauermann*

*Guten Appetit! wünscht Marcus Bauermann, Metzgermeister und Inhaber der Landschlachterei in Gademow

Kartoffeln abbürsten und in Wasser etwa 10 Minuten kochen. Sie sollten noch ein wenig fest sein.
Radieschen und Äpfel waschen, zusammen mit den Lauchzwiebeln und Gewürzgurken in Würfel schneiden. Alles in eine Schüssel geben und mit dem zuvor vorbereiteten Fleischsalat gut durchmischen, mit Essig, Salz und Pfeffer würzen, dabei bereits einen guten Schluck der Gurkenbrühe hineingeben.

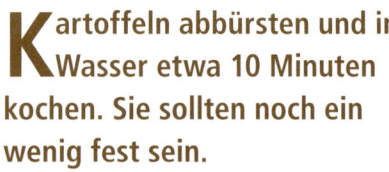

1,5 kg festkochende Kartoffeln
(z. B. Hamburger Hörnchen, Linda oder Sieglinde)
1/2 TL Kümmel
1/2 Bund Radieschen, 1/2 Bund Lauchzwiebeln
1 saftiger Apfel
3 - 4 Gewürzgurken (z. B. Spreewälder) plus Gurkenbrühe
1 Fleischsalat von Seite 27
Branntwein-Essig
Pfannensiedesalz
grob geschroteter Pfeffer

Danach ruhig schon einmal 10 Minuten ziehen lassen, bevor die Kartoffeln dazukommen. Kartoffeln schälen, in Würfel schneiden und in die Schüssel geben. Alles gut vermengen und nochmals mit etwas Gurkenbrühe abschmecken. Den Salat über 30 Minuten ziehen lassen und zum Schluss mit Salz, Pfeffer und Essig nach Geschmack würzen.

Kartoffelspieße
mit Rosmarin

Die Kartoffeln schälen und in große Stücke von etwa 4 Zentimeter Dicke schneiden. 1/4 Liter Wasser mit 1/2 TL Salz zum Kochen bringen und die Kartoffelstücke darin bei fest geschlossenem Deckel knapp 15 Minuten garen. Abgießen, etwas abkühlen lassen und dann auf Spieße stecken. Rosmarin und Knoblauch fein hacken. Alle Gewürze mit ausgelassener Butter und dem Öl verrühren. Die Kartoffelspieße auf dem Holzkohlegrill oder unter dem Backofengrill etwa 10 Minuten rösten, dabei mehrmals wenden

4 festkochende Kartoffeln
1 EL Olivenöl
1 EL Butter
1 EL Rosmarin
1 Knoblauchzehe
Salz
Pfeffer

und mit der Gewürzmischung einpinseln. Sollte etwas davon übrig bleiben, beim Servieren über die Kartoffelspieße träufeln. Eine passende Beilage zu gegrilltem Fisch oder Fleisch.

Friedrich der Große muss es schwer gehabt haben mit den sturen Norddeutschen. Denn erst ein königliches Dekret war notwendig, bevor sie sich ernsthaft dem Kartoffelanbau widmeten. Bis ins 18. Jahrhundert hielten die Bauern das Gewächs für ungenießbar. Doch nachdem die Kartoffel praktisch von oben angeordnet worden war, dauerte es gar nicht lange, bis auch die Rüganer ihren Wert entdeckt hatten. Rund 400 Sorten wurden hierzulande kultiviert. Leider sind viele davon in jüngster Vergangenheit auf der Strecke geblieben. Die industrielle Verarbeitung setzte Maßstäbe, der nicht jede Knolle gewachsen war. Erst heute bemühen sich aufgeschlossene Landwirte in der Region wieder um die Rekultivierung alter Sorten. Die traditionellen Rügener Kartoffeln sind gelbfleischig, mehlig und von herber Süße, heißen Adretta, Likaria oder Aula. Vorwiegend festkochende Sorten wie Karat, Secura, Agria oder Granola eignen sich besonders für Salate oder Pfannenpuffer. Als Stampfkartoffeln mit Buttermilch, als warmer Salat mit Speck und Zwiebeln oder als Fischkartoffeln gehören die Erdäpfel zu den »Nationalspeisen« der Rüganer.

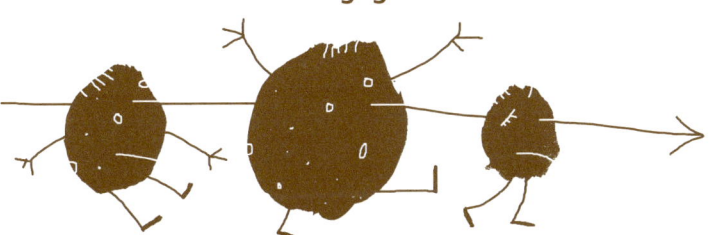

Scharfe Scheiben

Backofen auf 220 Grad vorheizen. Die Kartoffeln unter
fließendem Wasser abrubbeln
oder dünn schälen, gut abtrocknen und in 3 Millimeter dünne
Scheiben schneiden. Ein gefettetes Backblech mit einer Schicht
Kartoffelscheiben belegen.
Die Butter zerlassen und darüberträufeln. Kräuter und Chilischote fein hacken und mit den
jeweiligen Gewürzen mischen.
Je ein Drittel der Kartoffeln mit
einem Belag bestreuen.
Das Blech mit Alufolie zudecken
und in den Ofen schieben.
Nach 15 Minuten die Folie entfernen und weitere 10 Minuten
backen. Als heißen Snack
zu einem kalten Bier servieren.

4 festkochende Kartoffeln
2 EL Butter
1. Belag: 1 EL Rosmarinnadeln
1 TL abgeriebene Zitronenschale
Meersalz
2. Belag: 1/2 TL grob gemahlener
schwarzer Pfeffer, Meersalz
Cayennepfeffer nach Geschmack
3. Belag: 1/4 Chilischote
1 EL Basilikum, Meersalz

»**W**enn es eine Party gab, (Und die
gab es reichlich: Hausgemeinschafts-
treffen, Kindertag, Frauentag, Pionier-
geburtstag ...) musste natürlich auch
was zum Knabbern auf den Tisch.
Im Wesentlichen bot unsere Kaufhalle
dafür zwei Alternativen: Engerlinge
und Salzstangen. Die Engerlinge
wurden im Laufe des Abends pappig
und keiner aß mehr davon. Und die
Salzstangen mochte ich persönlich
nicht, weil ich die als Kind immer als
›Diät‹ bekommen habe, wenn ich eine
Magen-Darm-Grippe hatte. Jedenfalls
hatten Salzstangen was mit sehr
schlimm krank sein zu tun, hatte sich
bei mir festgehakt.
Aus heimlichen Westpaketen kannten
wir diese unbeschreiblich leckeren
Kartoffelchips. Aber die waren eben
zu selten und zu kostbar, um sie bei
jeder x-beliebigen Fete auf den Tisch
zu stellen. Irgendeiner kam dann auf
die Idee, Kartoffelchips selbst herzustellen. Wir haben im Freundeskreis
wie wild experimentiert und alle
Ergebnisse Scharfe Scheiben genannt.
Nun mussten wir nur noch nach den
passenden Gewürzen laufen ...«

Inka Arendt

Jahrgang 1970, aus Bergen

Leberragout

Leber in feine Streifen schneiden. Äpfel schälen, vierteln, vom Kerngehäuse befreien und in Spalten schneiden. Mit dem Zitronensaft beträufeln. Butter in der Pfanne auslassen, Leber darin von allen Seiten gut anbraten. Nach etwa 5 Minuten die Apfelspalten samt Zitronensaft hinzufügen. Etwas Zucker einstreuen und mitdünsten. Saucenpulver mit Apfelsaft anrühren und darübergießen. Zum Schluss Sahne einrühren, mit Salz und Pfeffer abschmecken. Den Reis in der Brühe 20 Minuten langsam garen und kurz

800 g Schweineleber
2 saure Äpfel
Saft einer halben Zitrone
2 EL Butter, 200 ml Apfelsaft
1 Saucenpulver für Rouladen
100 ml Sahne, Salz, Pfeffer
Zucker, 1/2 Bd. Schnittlauch
2 Tassen Reis
4 Tassen Hühnerbrühe
1 Prise Curry, 1 TL Butter

vor dem Anrichten mit Curry gelb färben sowie einen Stipps Butter unterheben. Leberragout in einem Reisrand anrichten und mit frischen Schnittlauchröllchen garnieren.

»Meine Mutter hatte nur ein einziges Kochbuch. Und das war ein Werbe-Kochbuch für irgendein Soßenpulver aus dem Westen. Weiß der Teufel, wie sie dazu gekommen war. Westverwandtschaft hatten wir keine und auch keine Quelle für diese Fertigsoßen. Aber meine Mutter hat sehr gerne in dieser Broschüre geblättert und daraus gekocht. Eines Tages setzte sie uns dieses Ragout vor, richtig chic im Reisring, wie man es sonst nur aus vornehmen Gaststätten kannte. Mein Vater und meine große Schwester fingen an zu rätseln, welches Fleisch da drin sei, aber meine Mutter machte ein großes Geheimnis daraus. Man muss dazu sagen, dass mein Vater keine Leber mochte und wir Kinder auch nicht, obwohl wir sie noch nie gekostet hatten. Jedenfalls erklärte meine Mutter erst, nachdem wir alle einen Teller voll leergeputzt hatten, dass das Ragout aus Leber gemacht war. Mein Vater war stocksauer, meine Schwester ekelte sich, aber mir hatte es prima geschmeckt. Später habe ich mir das Rezept von meiner Mutter geben lassen, um es immer wieder mal zu machen.«

Inka Arendt Jahrgang 1970, aus Bergen

Apfelkuchen mit Guss*

*Guten Appetit! wünscht Konditormeister Jan Diewock,
Inhaber von »Meyer's Kaffeehaus & Tüffelhus« in Bergen

Für den Teig die vier Eier trennen und das Eigelb mit Butter, Zucker, Salz und Zitrone schaumig rühren. Mehl, Weizenstärke und Backpulver mischen und unterarbeiten. Das Eiweiß aufschlagen und unterziehen. Den Teig in eine 28-er Springform geben und bei 170 Grad 20 Minuten im Backofen mit Umluft vorbacken.

Für den Guss Butter, Zucker und Ei schaumig rühren. Das Mehl unterarbeiten. Dann die Sahne dazugeben.

Auf den vorgebackenen Kuchen das Mandelmehl aufstreuen. Die Äpfel schälen, entkernen und einen Teil in Scheiben, den anderen in Spalten schneiden.

Für den Teig: 200 g Butter, Salz 180 g Zucker, abgeriebene Zitrone 280 g Mehl, 100 g Weizenstärke 2 kleine Tüten Backpulver, 4 Eier

Für den Guss:
200 g Butter, 160 g Zucker 1 Ei, 200 g Mehl, 300 g Sahne Mandelmehl, gehackte Mandeln 7–8 Äpfel (Boskop) 2–3 EL Farinzucker

Die Scheiben auf den Kuchen auflegen und darüber den Guss verteilen.

Zum Schluss die Apfelspalten auf dem Guss zu einem Kranz legen und mit Farinzucker und gehackten Mandeln bestreuen. Bei 200 Grad 50 Minuten im Umluftofen backen.

Konditormeister Erich Meyer begründet 1912 in Bergen sein Café Meyer. Am Anfang aber musste der frischverheiratete junge Mann noch zusätzlich bei einem Konditor in Sassnitz arbeiten, um genug zu verdienen.

Das heißt, in den frühen Morgenstunden lief er zu Fuß die fast 20 Kilometer dorthin und später zurück, um in zweiter Schicht in seiner eigenen Backstube zu schaffen.

Diesen Geschäftssinn und diese Zähigkeit scheint er vererbt zu haben, denn seitdem ist das Konditorhandwerk über die Generationen immer weitergegeben worden. Die nachfolgenden Konditormeister etablierten eine eigene Eisproduktion, bauten an, steckten Rückschläge und Quasi-Enteignung zu DDR-Zeiten weg und kauften ihr Familienunternehmen nach der Wende zurück. Heute gibt es neben dem klassischen Kaffeehaus Meyer noch das »Tüffelhus« und Jan Diewock leitet den Familienbetrieb in vierter Generation.

Sellerie-Birnensuppe*

*Guten Appetit! wünscht Konditormeister Jan Diewock,
Inhaber von »Meyer's Kaffeehaus & Tüffelhus« in Bergen

Den Sellerie und die Birnen schälen, Birnen entkernen und beides in Stücke schneiden. Die beiden Schalotten klein hacken. Den Zucker mit der Butter im Topf karamellisieren lassen, den Sellerie darin anbraten und die Schalotten hinzufügen. Im Anschluss die Birnen dazugeben, mit Weißwein ablöschen

200 g Knollensellerie
2 Schalotten
2 Birnen
120 ml Weißwein
150 ml Gemüsebrühe
30 g Butter
50 ml Sahne
Birnensaft
Zucker
Selleriesalz

und mit der Gemüsebrühe auffüllen. Mit Salz, frischem Pfeffer und Muskat würzen und weiter kochen lassen. Dann die Sahne dazugeben, die Suppe pürieren und passieren. Zum Schluss mit etwas Birnensaft und Selleriesalz abschmecken.

Brotpudding

Die Brötchen reiben oder grob zerkleinern und ein paar Minuten in der warmen Milch einweichen. Butter, Eigelb, Zucker und Zimt cremig rühren, mit den gewaschenen Korinthen und Mandeln mischen.
Die eingeweichte Brötchenmasse zugeben. Eiweiß steif schlagen und vorsichtig unterheben.
Die Masse in eine gefettete Puddingform füllen und etwa 60 Minuten im Wasserbad kochen. Stürzen und mit geschlagener Sahne, die mit einer Prise Zimt verfeinert wurde, servieren.

3 bis 4 Brötchen (150 g)
100 g Zucker
1 TL Zimt
1/4 l Milch
5 EL Butter
3 Eier
1 Tasse Korinthen
1 Tasse gehackte Mandeln
Butter zum Einfetten der Form
250 g Sahne

Schaumbier

Die Eier werden mit Bier und Zucker verrührt und erhitzt. Mit einem Schaumbesen bis kurz vorm Kochen fortwährend kräftig schlagen. Kochen darf es nicht, da die Eier sonst gerinnen. Den Topf vom Feuer ziehen, noch etwas weiterschlagen und in Gläser füllen.

1 l Bier
4 frische Eier
120 g Zucker
nach Belieben etwas
Zitronenschale oder Zimt

Karibik-Feeling
am Sund

Die Kumquats heiß abbrausen, abtrocknen und in Scheiben schneiden.
Auf 4 Gläser verteilen.
Je 2 EL Orangenlikör und braunen Zucker sowie 2 Eiswürfel hinzufügen.
Gläser mit Tonicwater auffüllen und ein Minzblättchen obenauf schwimmen lassen.
Man kann auch alle Zutaten in einen Glaskrug geben und bei Tisch in geeisten Trinkgläsern anbieten.

10 Kumquats
8 EL Orangenlikör
8 EL brauner Zucker
1,5 l Tonicwater
Eiswürfel
Minzblättchen

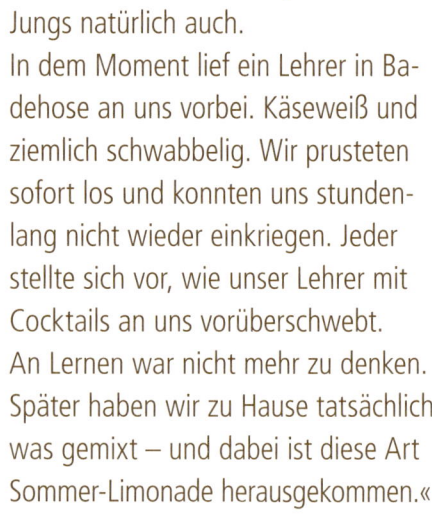

»**W**ir hatten die Abschlussprüfungen vor uns, und das Wetter war unheimlich heiß. Meine Eltern hatten einen Strandkorb in der Stralsunder Badeanstalt gemietet, da haben wir dringehockt und gebüffelt. Immer so zwei, drei Schulfreundinnen und ich. Und wir stöhnten, dass wir Kulturstreifen kriegen auf den Knien. Von den Schnellheftern und Büchern, aus denen wir lernen mussten. Irgendwann sagte meine Freundin dann: Es ist ja heiß hier wie in der Karibik! Das haben wir dann weitergesponnen: Ja, aber dann fehlen noch ein paar Boys, die uns coole Drinks an den Strandkorb bringen. Und wir haben uns ausgedacht, wie die aussehen würden. Also die Drinks jetzt. Und die Jungs natürlich auch.
In dem Moment lief ein Lehrer in Badehose an uns vorbei. Käseweiß und ziemlich schwabbelig. Wir prusteten sofort los und konnten uns stundenlang nicht wieder einkriegen. Jeder stellte sich vor, wie unser Lehrer mit Cocktails an uns vorüberschwebt.
An Lernen war nicht mehr zu denken. Später haben wir zu Hause tatsächlich was gemixt – und dabei ist diese Art Sommer-Limonade herausgekommen.«

Tatjana Schwarz Jahrgang 1992, aus Altefähr

Putbus & Lauterbach

Putbus ist die jüngste Stadt der Insel und gleichzeitig ihr ältester Badeort. Erstmals erwähnt wurde der Ort schon 1253.

Es ist wahrscheinlich, dass die Burg Putbus bereits Sitz einer der führenden slawischen Adelsfamilien gewesen ist. Aus dem Slawischen stammt auch die Ortsbezeichnung, die frei übersetzt so viel wie »hinter dem Hollerbusch« bedeutet.

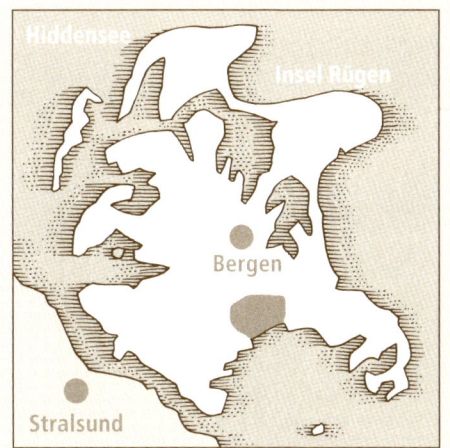

Den weiß gestrichenen Fassaden der Häuser ist der Name »Weiße Stadt« zu verdanken. Als Farbkontrast prangen vor vielen der Gebäude noch immer prächtige Rosenstöcke, die das italienische Flair der Stadt unterstreichen.

Später wurde die Burg in ein repräsentatives Schloss mit einem ausgedehnten Park umgewandelt. Wilhelm Malte I. Fürst zu Putbus (1783–1854) gründete die Stadt Putbus 1810. Er ließ den ganzen Ort im einheitlich klassizistischen Stil als seine Residenzstätte planen und bauen und passte das Stadtensemble an das Schloss sowie den weitläufigen englischen Landschaftspark an.

Was an der fürstlichen Tafel gespeist wurde, ist in den Archiven nicht überliefert. Aber sicher wurden hier nicht die schlichten Gerichte der Fischer und Bauern gekocht. In den Fürstenhäusern jener Zeit bevorzugte man eher die feine französische Küche. Das erste bürgerliche Haus des Ortes war 1810 übrigens eine kleine Brauerei. Es folgten Gebäude wie Theater, Marstall, Orangerie, Affen- und Fasanenhaus und die Anlage des großzügigen Wildgeheges. Wildbret war also für den fürstlichen Haushalt nicht schwer zu beschaffen.

Dem Fürsten Wilhelm Malte zu Putbus ist auch das erste Seebad der Insel Rügen zu verdanken: 1817–1818 ließ er das Badehaus Goor unter dem damaligen Namen Friedrich-Wilhelms-bad errichten. Seine beeindruckende Fassade wird von 18 dorischen Säulen dominiert.

In den ersten Jahren erwies es sich als ein beliebtes Ziel für den Adel, der hier die Sommerfrische verbrachte. Prominente Gäste waren Fürst Otto von Bismarck, Alexander von Humboldt oder Elizabeth von Arnim.

Letztere berichtete zu Beginn des vorigen Jahrhunderts geradezu schwärmerisch über die Naturschönheiten, die die Insel bietet: »Das Goor ist wundervoll … Eine einsame Eiche, alt und sturmzerzaust, steht ganz für sich am Wasser, gegenüber sieht man die bewaldete Seite von Vilm, und wenn man ein paar Meter auf dem Kies weitergeht, kommt man auf eine grasbewachsene Ebene, wo sich zarte lila Skabiosen im Winde wiegen … Was für ein köstlicher Winkel, um den ganzen Tag mit einem Buch dort zu liegen.« Mit Berichten über die Mahlzeiten in der Region hält sich die Autorin allerdings zurück: »Vom Essen will ich nur sagen, es war sehr reichlich.«

Elizabeth von Arnim

»Elizabeth auf Rügen«, Erstveröffentlichung 1904, Ullstein Verlag, 1996

Das Leben der einfachen Leute unterschied sich rund um Putbus nicht wesentlich von dem in anderen Gegenden Rügens. Von alters her hielt man hier viel Federvieh – Enten, aber auch Gänse. Zu Beginn des Winters wurde dann geschlachtet. Eine bekannte Spezialität war beispielsweise die Spickbrust. Hierfür wurden Enten- oder Gänsebrüste für neun Tage in eine Pökellake eingelegt und dann im Rauch goldgelb geräuchert. Eine andere sehr alte Delikatesse ist gepökelter oder geräucherter Gänsemagen. Durch den Wolf gedreht und unter Gänseschmalz gemischt, wurde das Ganze als Brotaufstrich gegessen. Und ein beliebter Nachtisch war ein Grießpudding mit geschlagenem Eiweiß und selbst gesammelten Waldfrüchten.

Rezept
zum Seife kochen

Das Fett wird in dem Regenwasser 2 Stunden lang gekocht. Danach fügt man den Seifenstein und das Salz hinzu und kocht dies nochmals 4 Stunden. Anschließend gießt man die Masse in Holzformen, die vorher mit feuchten Tüchern ausgelegt wurden, und lässt diese 1 bis 3 Tage in einem kalten Raum auskühlen. Bevor die Seifenmischung hart wird, kann man je nach Belieben Parfüm oder Farben hinzufügen, die aber keinen Alkohol enthalten dürfen. Lavendel, Rosmarin, Zitronenmelisse duften herrlich. Sanfte Farben geben Spinat, Rote Bete oder Möhren.

> 12,5 kg Fett
> (möglichst vom Rind)
> 25 Liter Regenwasser
> 5 kg Seifenstein
> (Ätznatron und Soda)
> 1,5 kg Salz

Dann werden die Seifenblöcke in Stücke geteilt, so gleichmäßig wie man es für die spätere Verwendung möchte. Mindestens 4 bis 6 Wochen dürfen die entstandenen Stücke an der Luft reifen. Während dieser Zeit bekommt die Seife die ihr eigenen Eigenschaften, wobei auch das überflüssige Wasser verdunstet.

»**W**ilhelm Malte Fürst zu Putbus gründete 1816 das erste Seebad Rügens, das später nach dem Geburtsnamen seiner Frau mit Lauterbach bezeichnet wurde. In dem zwei Jahre danach errichteten Friedrich-Wilhelmsbad in der Waldung Goor bei Lauterbach fanden seinerzeit die hochherrschaftlichen Freunde und Bekannten des Fürstenhauses sowie zahlreiche gutbetuchte Rügen-Gäste Kost, Kur und Logis. Aus dieser Zeit stammt eines der Rezepte für das Herstellen von Seifen, die für verschiedene Zwecke in dem Badehaus verwendet worden sind.«

André Farin aus Wreechen

Autor des Buches »Wilhelm Malte zu Putbus und seine Fürstenresidenz auf der Insel Rügen« (Selbstverlag, Putbus 2002)

Hirschhaxe
mit Pflaumensauce

Die Trockenpflaumen über Nacht in 100 ml Rotwein einlegen und aufquellen lassen. Hirschhaxen mit Pfeffer und Salz einreiben. Öl in einem Schmortopf erhitzen und das Fleisch darin von allen Seiten anbraten. Herausnehmen und dafür das Tomatenmark anrösten.
Mit 150 ml Rotwein ablöschen und den Thymian hineingeben. Die Haxen wieder in den Topf legen und alles für 75 Minuten in den auf 180 Grad vorgeheizten Backofen schieben. Zwiebel fein würfeln und in etwas Öl in einer Pfanne glasig dünsten. Mit dem Rotwein, in dem die Pflaumen eingelegt waren, ablöschen. Wildfond, Spekulatiusgewürz und Lorbeerblatt

4 Hirschhaxen, Salz, Pfeffer
1 Prise Cayennepfeffer
6 EL Öl, 2 EL Tomatenmark
6 Zweige Thymian
250 ml Rotwein, 1 Zwiebel
100 g Trockenpflaumen ohne Stein, 500 ml Wildfond
1 TL Spekulatiusgewürz
1 Lorbeerblatt
1 EL Speisestärke

hinzufügen, mit Salz und Pfeffer würzen und etwas einkochen lassen. Dann die Pflaumen klein hacken und in die Sauce geben. Das Lorbeerblatt entfernen und mit etwas kalt angerührter Speisestärke binden. Pflaumensauce mit Schmorkohl und Semmelknödeln zu den garen Hirsch-haxen reichen.

Gedünstete Rehkeule

Den Rehbraten mit Speck-streifen spicken und pfeffern. Wurzelgemüse und Zwiebel putzen und in Würfel schneiden. Das Butterschmalz in einem Bräter auslassen und das Fleisch darin rundherum kräftig anbraten. Herausnehmen und das Gemüse einfüllen. Ebenfalls etwas bräunen, dann Tomaten-mark und Mehl unterrühren. Mit Rotwein ablöschen. Johannisbeergelee, die in dünne Scheiben geschnittene Apfelsine, die abgezogene Knoblauchzehe sowie das Lorbeerblatt in die Sauce geben und salzen. Den Rehbraten wieder hinein-legen und in den auf 80 Grad vorgeheizten Ofen schieben.

1 kg Rehfleisch aus der Keule
100 g Räucherspeck
4 Mohrrüben
2 Petersilienwurzeln
2 Zwiebeln
1 Lorbeerblatt
1 Knoblauchzehe
2 EL Tomatenmark
Pfeffer, Salz
80 g Mehl

80 g Butterschmalz
200 ml Rotwein
4 EL Johannisbeergelee
1/2 Apfelsine

Mindestens 3,5 Stunden langsam garen lassen.
Dann den Braten herausnehmen, auf eine Platte legen und noch-mals eine halbe Stunde in den Ofen schieben. Den Bratensatz durch ein Sieb streichen und etwas andicken. Dazu Klöße und Preiselbeerkompott reichen.

Russische Sahnespeise
der Fürstin zu Putbus

Man vermischt 250 ml Sahne mit dem Zucker, dem ausgekratzten Mark einer Vanilleschote und verquirlt alles mit den 5 Eidottern. Im Wasserbad unter gleichmäßigem Rühren cremig kochen.

Vom Feuer nehmen. Nun rührt man die weiße Gelatine (kalt eingeweicht, heiß gelöst) ein, lässt alles – am besten auf Eis rühren – erkalten. Immer weiter schlagen und die in Rum eingeweichten Rosinen sowie ein Glas Rum dazutun.

Zuletzt die restliche Sahne schlagen, dabei leicht süßen und unterziehen. Eine Deckelform mit Pergament und Biskuit auslegen. Die Masse einfüllen, den Deckel exakt aufsetzen.

500 ml süße Sahne
50 g Zucker
ausgekratztes Mark einer Vanilleschote
5 Eidotter
6 Blatt weiße Gelatine
2 EL Rosinen
Rum
Biskuit

Die Form auf Eis stellen und zum Anrichten stürzen.
Zum Servieren mit Rumfrüchten belegen und mit Weinblättern verzieren.

»Das Rezept für die Russische Sahnespeise stammt aus dem Kochbuch der Mutter des Franz zu Putbus, also der Ehefrau des Fürsten Malte zu Putbus. Als Franz zu Putbus hier in Krimvitz sein Geburtshaus besuchte, hat er mir das Rezept freundlicherweise überlassen. Es entspricht etwa der heutigen Bayerisch Crème und wir haben es hier im Gutshaus auch schon nachgekocht. Allerdings haben wir auf die Rosinen und die Rumfrüchte verzichtet.«

Amrei Schiemer-Krüger

Inhaberin des »Gutshaus Krimvitz«

Zwetschen un Klüt

Pflaumen und Mehlklößchen

Zuerst werden die Klöße zubereitet. Dazu werden Mehl, Ei, Zucker und eine Prise Salz mit etwas Wasser angerührt. Es darf nicht zu viel Wasser sein, weil kleine Klöße aus der Teigmasse abgestochen werden, die man später in die Suppe gibt. Als Nächstes kocht man für gut eine halbe Stunde den Speck und die Backpflaumen in Wasser und gibt Zucker und Salz nach Geschmack dazu. Anschließend werden die kleinen Klöße langsam ins Wasser gegeben. Wenn diese sich vom Boden des Topfes lösen, sind sie gar. Zum Schluss wird die Suppe mit Zucker und Salz abgeschmeckt und heiß gegessen.

500 g getrocknete Pflaumen
125 g durchwachsener Speck
2 l Wasser
Salz
Zucker

Für die Klöße:
250 g Mehl
1 Ei, Salz
1 EL Zucker

»**O**tto von Bismarck weilte von Oktober bis Dezember 1866 auf Einladung des Fürsten Wilhelm zu Putbus im Gartenhaus der Residenzstadt. Hier erholte er sich von dem Attentat im Mai und den Strapazen seines Amtes. Auf einem Spaziergang zu der Landungssäule für den Großen Kurfürsten bei Neukamp kam er durch Wreechen und wurde von einem Hund gebissen. Die aufgeregte Besitzerin des Hundes, die den hohen Herrn nicht kannte, entschuldigte sich vielmals. Sie bot ihm an, die Hose zu nähen, da er so nicht zurückgehen konnte. In der Zwischenzeit bot sie ihm eine warme Suppe an, die sie gerade zubereitete. Leider ist nicht überliefert, wie Bismarck das einfache Gericht mundete. Der Aufenthalt an der würzigen Seeluft insgesamt aber schien dem Politiker durchaus gutzutun – sowohl was Komfort und ländliche Stille als auch Speise und Trank aus dem fürstlichen Weinkeller betrafen. Und das betreffende Rezept für »Zwetschen un Klüt« wurde von Meta Weidemann, einer Nachfahrin der Wreechener Familie, überliefert.«

André Farin aus Wreechen

Autor des Buches »Wilhelm Malte zu Putbus und seine Fürstenresidenz auf der Insel Rügen«

44

Stachelbeergelee

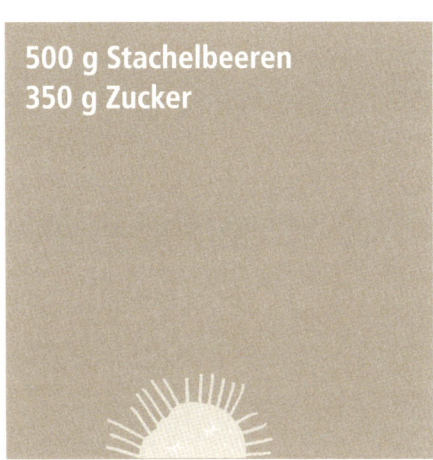

Stachel!

Die reifen, vorher einzeln abgewischten sowie von Stängel und Blume befreiten Stachelbeeren mit so viel Wasser aufsetzen, dass die Beeren gerade damit bedeckt sind. Sind die Stachelbeeren zerkocht, so lässt man das Flüssige abtropfen, indem man das Ganze entweder auf ein Sieb gibt oder indem man es in ein Tuch füllt und dieses aufhängt.

Dann wird der reine Saft mit dem Zucker wieder aufs Feuer gebracht und unter fleißigem Rühren und Abschäumen gekocht, bis ein davon auf einen kalten Teller fallender Tropfen nicht mehr auseinanderfließt und bald gallertartig wird.

**500 g Stachelbeeren
350 g Zucker**

Heiß in Twist-Off-Gläser füllen, diese mindestens 10 Minuten auf den Deckel stellen. Dann umdrehen und das Gelee endgültig auskühlen lassen.

Um 1900 reiste Elizabeth von Arnim über die Insel Rügen und hielt ihre Erlebnisse in heiterer Weise in einem Reisebericht fest.

»Die Badehütten stehen in einer Reihe und weit vom Ufer entfernt im tiefen Wasser. Man wandert auf einer kleinen Bretterbrücke hinaus und findet eine sonnengebräunte Frau, freundlich … Sie kümmert sich um die Badenden, deren Sachen sie trocknet, und versorgt sie mit allem und jedem, was vielleicht vergessen wurde; zum Schluss verlangt sie zwanzig Pfennige für ihre Gefälligkeiten – samt Bad. Die beste Hütte ist die am weitesten vorn liegende … Sie ist sehr geräumig und hat ein Sofa und einen Tisch und einen hohen Spiegel. Ein Fenster geht nach Süden und eins nach Osten … Durch das Südfenster erblickt man die kleine Insel Vilm.«

Übers Essen äußert sich die Reisende nur spärlich. Etwas aber erwähnt sie dennoch als durchaus mehr als genießbar: Stachelbeergelee aus des Försters Gasthaus auf Vilm.

Elizabeth von Arnim

»Elizabeth auf Rügen«, Ullstein Verlag, 1996, Erstveröffentlichung 1904

Pflaumenkonfitüre
mit Schokolade

Pflaumen waschen, halbieren und entsteinen. Früchte pürieren und mit dem Zitronensaft und Gelierzucker mischen, in einem großen Topf zum Kochen bringen. Mindestens 4 Minuten sprudelnd kochen lassen, dabei immer wieder umrühren. Die Schokolade möglichst fein reiben und zum Schluss unter die Konfitüre ziehen. Randvoll in saubere, ausgebrühte Twist-Off-Gläser füllen. Fest verschließen und etwa 10 Minuten auf den Deckel stellen. Dann umdrehen und auskühlen lassen.

1,5 kg Pflaumen
Saft einer Zitrone
500 g Gelierzucker 1:2
40 g Zartbitter-Schokolade

Champignons
mit Bärlauchfüllung

Pilze mit Küchenkrepp abreiben. Die Stiele herausdrehen und fein hacken.
Zusammen mit dem Bärlauch unter den Frischkäse rühren. Mit Salz und Pfeffer abschmecken. Die Masse in die Pilzköpfe füllen. Die Speckscheiben der Länge nach halbieren und je zwei Streifen kreuzweise um einen gefüllten Pilz wickeln. Vier Pilze auf je einen Schaschlikspieß stecken. Das Öl mit gehacktem Rosmarin und Thymian verrühren und die Spieße damit bestreichen. In der Pfanne rundherum etwa 10 Minuten braten. Dazu frisches Weißbrot reichen.

8 große Champignons
2 EL gehackter Bärlauch
400 g Kräuterfrischkäse
Salz, Pfeffer
8 Scheiben Frühlingsspeck
4 EL Olivenöl
Rosmarin und Thymian

Füllung!

Geht man im Frühjahr durch den Park von Putbus, steigt einem kräftiger Knoblauchgeruch in die Nase: Der Bärlauch sprießt! Das Wildkraut wächst von März bis Mai auf Wiesen und in Wäldern oder hängt in verlockenden Bündeln auf dem Wochenmarkt. Aber begeben Sie sich ruhig unter die wachsende Schar der Pflücker. Zwar ähneln die Pflanzen dem giftigen Maiglöckchen, aber der typische Duft macht die Unterscheidung einfach. Außerdem wächst beim Bärlauch jedes einzelne Blatt an einem eigenen Stiel. Das erleichtert auch die Ernte mit einem scharfen Messer. Kehren Sie mit frischer Beute nach Hause zurück, dann erst mal in ein feuchtes Tuch schlagen oder in eine mit Wasser ausgespülte Gefriertüte stecken. In den Kühlschrank legen und es bleiben drei Tage Zeit für die Verarbeitung. Am besten in Streifen schneiden, mit einem Tropfen Öl vermengen und einfrieren. Oder ganz fein pürieren, mit reichlich Olivenöl und gemahlenen Walnüssen vermengen. In Schraubgläser gefüllt, bleibt die Paste im Kühlschrank ein halbes Jahr haltbar. Und mit geriebenem Parmesan vermischt, ergibt das ein köstliches Bärlauch-Pesto.

Schwarzwurzel-Salat
mit Tomaten

Die Schwarzwurzeln gründlich abbürsten, aber nicht schälen. In kochendes Salzwasser geben und je nach Größe und Dicke 20 bis 25 Minuten kochen. Ein wenig abkühlen lassen, so lässt sich die Haut leicht abziehen. Tomaten waschen und in Scheiben oder Achtel schneiden. Öl, Essig und Brühe verrühren. Das Ei hart kochen, pellen und zerdrücken.

Unter die Marinade mischen und mit Senf, Salz, Pfeffer und 1 Prise Zucker abschmecken. Die Hälfte der Petersilie hacken und unterrühren. Schwarzwurzeln auf einer Platte anrichten, mit Tomaten umlegen, die Vinaigrette überziehen und mit der restlichen Petersilie bestreuen.

800 g Schwarzwurzeln
2 Tomaten
3 EL Öl
Salz, Pfeffer
3 EL Essig
Zucker
3 EL Fleischbrühe
1 Ei
1 TL mittelscharfer Senf
1 Bd. Petersilie

Leider ist die Schwarzwurzel so etwas wie das Stiefkind unter den Wintergemüsen und wird manchmal spöttisch »Arme-Leute-Spargel« genannt. Dabei ist das leicht verdauliche Gemüse eine Delikatesse und enthält außer Mineralstoffen und Vitaminen auch Inulin, einen für Diabetiker besonders geeigneten Zucker. Ihr weißlich-gelber, kautschukhaltiger Milchsaft färbt die Haut beim Verarbeiten braun.
Daher beim Schälen am besten Haushaltshandschuhe tragen. Nach dem Schälen gleich in Wasser legen, damit die Schwarzwurzeln nicht anlaufen. Werden sie in Essigwasser eingetaucht geschält, bleiben Hände und Küchengerät relativ sauber.
Leicht vorgekocht, kann man die Haut auch abziehen.

Schwarz!

Eisbergsalat
mit warmer Specksauce

Den Eisbergsalat waschen, den Strunk abschneiden und die Blätter zerteilen.
Den Speck würfeln, in der Pfanne ausbraten und mit Essig ablöschen. Die Petersilie waschen, trocken tupfen, Blätter grob hacken und in die Specksauce geben. Die Eier hart kochen, schälen und in kleine Würfel hacken. Den Salat anrichten, mit der Sauce begießen, mit Eierwürfeln bestreuen und mit einem Löffel Sauerrahm garnieren.

1 großer Eisbergsalat
200 g geräucherter Bauchspeck
4 EL Weißwein-Essig
1 Bd. Petersilie
2 Eier
6 EL Sauerrahm

»Labsal in den heißen Sommertagen«*

*Rezept von Meta Weidemann aus Wreechen

Die Früchte werden verlesen und gereinigt, dann auf mittlerem Feuer zu einem Fruchtsaft gekocht. Dieser wird mit kalt angerührter Speisestärke gebunden. Zucker und Zitrone kann man je nach Geschmack beifügen. Alles wird etwa 10 Minuten gut durchgekocht. Dann gibt man den Saft in eine Form und lässt diese an einem kühlen Platz stehen. Nach dem Erkalten wird die Masse gestürzt. Dazu eignet sich Vanillesauce je nach Belieben.

je 150 g Kirschen,
Erdbeeren, Johannisbeeren
und Blaubeeren
2 EL Speisestärke
Zucker
Zitronensaft
Vanillesauce

»**M**eta Weidemann, geb. Stahnke, begann im Jahr 1905 mit der Sammlung von Back- und Kochrezepten. Zunächst nutzte sie die Rezepte für den eigenen Haushalt in dem kleinen Dorf Wreechen bei Putbus, den sie 1909 mit der Heirat von Carl Weidemann begann. Später beköstigte sie ihre Badegäste, die in dem Sommerhaus des Bauernhofes logierten. Ihre Mahlzeiten waren bei den Urlaubern, die vorwiegend aus Berlin kamen, sehr beliebt, da die Festländer die rügensche und pommersche Küche dadurch kennenlernten. Das Kochbuch, das sich nach wie vor im Besitz der Nachfahren befindet, enthält zugleich Empfehlungen von Freundinnen aus dem Dorf. Über 50 Ideen und Anleitungen für leckeren Kuchen und schmackhafte Speisen sind darin enthalten.«

André Farin aus Wreechen

Autor des Buches »Wilhelm Malte zu Putbus und seine Fürstenresidenz auf der Insel Rügen«

Pudding von Kartoffeln*

*Rezept von Meta Weidemann
aus Wreechen

Zuerst werden die Kartoffeln in Wasser gekocht und durch ein Sieb gestrichen. Dann rührt man Zucker, den man mit einer halben Stange Vanille fein gestoßen und durchgesiebt hat, mit den gehackten braunen Mandeln und 8 Eigelb schaumig. Das Eiweiß steif schlagen. Kartoffelbrei und Eischnee unterheben. In eine Puddingform füllen und diese ins Wasserbad stellen. 45 Minuten kochen und an einem kühlen Ort erkalten lassen.

125 g Mandeln
125 g Zucker
1/2 Stange Vanille
8 Eier
250 g Kartoffeln

Pudding!

Dazu passt Weinsauce. Hierfür wird lieblicher Weißwein bis kurz vor dem Siedepunkt erhitzt und mit ein wenig kalt angerührter Speisestärke gebunden. Eventuell mit etwas Zucker süßen.

Kalbsgulasch*

*Rezept von Meta Weidemann
aus Wreechen

Das Fleisch schneidet man in nicht zu kleine Würfel. Haut und sonstige kleine Abfälle werden mit Salzwasser angesetzt und zu Brühe gekocht. In einem Schmortopf lässt man Speckwürfel und Butter heiß werden. Darin die klein gehackten Zwiebeln goldgelb anschwitzen. Die Kalbfleischwürfel, die man noch kurz vorher mit Salz und Pfeffer vermengt hat, in den Topf geben und eine Stunde weich dämpfen. Das Fleisch setzt sich leicht am Boden fest, deshalb öfter umrühren. Bräunt das Fleisch etwas an, färbt sich die Sauce schön braun. Die Brühe durchseihen und nach und nach dazugießen.

1 kg Kalbfleisch aus der Keule
1 TL Salz
2 Msp. gestoßener Pfeffer
60 g Speck
3 EL Butter
2 Zwiebeln
500 ml Brühe
1 TL Mehl

Die kräftige Sauce wird oft schon durch die Zwiebel sämig; sollte es jedoch nötig sein, stäubt man zuletzt ein Löffelchen Mehl darüber und lässt es damit aufkochen. Man gibt zu dem Gericht gedämpften Reis, Nudeln oder Kartoffeln.

Hefezopf*

*Rezept von Ilse Burwitz
aus Neuendorf

In eine Schüssel das Mehl sieben, mit der Trockenhefe vermischen und mit lauwarmer Buttermilch und den übrigen Zutaten zu einem glatten Teig verarbeiten. Er muss sich von der Schüssel und der Hand lösen. Mit einem feuchten Küchentuch zugedeckt an einem warmen Ort mindestens eine Stunde gehen lassen, bis sich das Volumen verdoppelt hat. Danach den Teig nochmals kurz und kräftig durchkneten. Er muss sehr fest und elastisch sein. Teig nun in drei gleiche Teile zerlegen und einen Hefezopf flechten. Auf ein gefettetes Blech legen.

500 g Mehl
1 Pck. Trockenhefe
250 ml Buttermilch
60 g Zucker
100 g Butter
(noch besser: Gänseschmalz und etwas Hammeltalg)
1/2 TL Salz
2 Eier
1 Pck. Vanillezucker

Ein Ei mit je einer Prise Zucker und Salz kräftig verquirlen und den Zopf damit bestreichen. Nochmals 20 Minuten gehen lassen. Anschließend bei 160 Grad 35-40 Minuten goldbraun backen.

»Bei Oma Ilse und Opa Hans-Friedrich werden noch heute Gänse und Enten geschlachtet. Einmal im Jahr, so Ende Oktober, kommt dann die ganze Verwandtschaft zusammen, um die Tiere zu rupfen. Das ist immer sehr lustig, es werden alte Kamellen aufgewärmt und Oma versorgt alle zum Ansporn mit selbst gemachtem Punsch und Mittagessen.

80 g Rosinen
1 EL abgeriebene Zitronenschale
3 Tropfen Bittermandel-Öl oder Bittermandel-Aroma
1 Ei
Salz

Und dann natürlich auch noch mit Kaffee und Kuchen. Auch wenn es manchmal nicht so einfach ist, einen Termin zu finden, an dem alle können, freuen wir uns immer unheimlich auf diese Familientreffen.«

Christiane Burwitz

Jahrgang 1980, aus Neuendorf / Lauterbach

Milch und Rogen vom Hering*

*Rezept von Ilse Burwitz
aus Neuendorf

Die Zwiebeln in Ringe schneiden und mit Butter oder Margarine in der Pfanne leicht bräunen. Den fein geschnittenen Rogen und die Milch vom Hering dazugeben und garen. Zum Schluss die Eier verquirlen und unterziehen. Mit Salz und Pfeffer abschmecken. Brot oder auch Stampfkartoffeln dazu reichen.

500 g Rogen und Milch
vom Hering
3 Zwiebeln
2 Eier
Salz und Pfeffer
30 g Butter oder Margarine

Confit
von der Rehschulter

Die Rehschulter gründlich waschen und trocken tupfen. Die Wacholderbeeren, den Rosmarin und den Thymian fein hacken und mit dem Salz und dem Pfeffer im Mörser zermahlen. Diese Würzmischung mit etwas Schmalz zu einer Paste vermengen und damit die Rehschulter einreiben.
Das Fleisch 12 Stunden im Kühlschrank ziehen lassen. Dann das übrige Schmalz in einem Bräter im Ofen auf etwa 120 Grad erhitzen. Das gewürzte Fleisch vorsichtig in den Bräter legen, es sollte vom Fett bedeckt sein, und 3 bis 4 Stunden garen.

1 Rehschulter
500 g Schweineschmalz
1,5 kg Enten- oder Gänseschmalz
5 Wacholderbeeren
1 Zweig Rosmarin
1 Zweig Thymian
1/2 TL schwarzer Pfeffer
1 TL grobes Meersalz

Nun lässt es sich leicht vom Knochen lösen. Die Schulter aus dem Fett heben und in Portionsstücke zerteilen.
Zum sofortigen Verzehr passen sehr gut Spitzkohl und Kartoffelpüree. Andererseits hält sich das Fleisch in dem Schmalz, in dem es gegart wurde, für einige Zeit und ist auch kalt auf Butterbrot sehr schmackhaft.

Der letzte Förster derer zu Putbus war Otto Freese. Der Fürst hatte ihn 1935 aus Schlesien nach Putbus geholt. Freese war ein sehr pflichtbewusster Mann, der jeden Morgen früh auf seiner EMW davonfuhr, den Einschlag der Waldarbeiter zu beaufsichtigen, die Hege des reichlich vorhandenen Wildes zu betreiben und der oft bis Mitternacht an den Abrechnungen saß. Dem Fürsten und seiner Familie nebst Gästen stand reichlich Wild zur Verfügung. Gerade ein Stück pro Jahr durfte der Förster für sich behalten. Eine traditionelle Methode, das Fleisch haltbar zu machen, war auch im fürstlichen Haushalt das Konfieren. Das bedeutet so viel wie Einkochen im eigenen Saft. Bei Konfitüre ist uns das heute noch geläufig. Und vor den Zeiten des Einfrierens war es eine weitverbreitete, schonende und alle Aromen erhaltende Möglichkeit, auch Fleisch haltbar zu machen, ob nun von Enten, Gänsen oder Wild.

Kaninchenbraten
mit Rotkohl

Das Kaninchen küchenfertig machen, in Stücke teilen und 1 bis 2 Tage in Buttermilch einlegen. Dann abwischen, mit Salz, Pfeffer und Senf einreiben. In den Bräter zwei Scheiben fetten Speck legen und das Kaninchen darauf verteilen. Etwa einen fingerbreit Wasser auffüllen. Äpfel, Möhren, Pflaumen und Zwiebeln putzen, in mundgerechte Stücke schneiden und zusammen mit dem Thymian dazutun.
Die 2 übrigen Speckscheiben auf das Kaninchen legen und bei 180 Grad etwa 90 Minuten im Backofen garen. Den Braten öfter mit dem Sud begießen oder wenden. In der Zwischenzeit den Rotkohl vierteln und in dünne Scheiben schneiden,

1 Kaninchen, 3 l Buttermilch
4 Scheiben fetter Speck, Salz
Pfeffer, 3 Äpfel, 2 Möhren
80 g Pflaumen, 2 Zwiebeln
Thymian, 1 Rotkohl
125 g Räucherspeck
2 EL Schmalz, 1 Zwiebel
2 Äpfel, Essig, Salz, Zucker
Piment, Lorbeerlaub
5-6 Nelken

Äpfel und Zwiebeln putzen und klein würfeln. Auch den Speck klein schneiden. In einem Topf kurz auslassen. Alle übrigen Zutaten hinzufügen, ein wenig Wasser angießen und langsam gar kochen. Mit Essig, Salz und Zucker abschmecken und mit etwas Kartoffelmehl binden. Den Braten mit Rotkohl und Salzkartoffeln anrichten.

»Ich habe Landwirtschaft studiert und bin immer gern draußen und bei den Tieren gewesen. Auf der Berufsschule in Bergen habe ich meinen Mann kennengelernt. 1954 haben wir geheiratet. Da hatte ich mit meinen 21 Jahren plötzlich eine große Wirtschaft zu schmeißen. Mit den Pferden, Schafen, Schweinen und Kühen hatte ich kein Problem, aber mit Kochen hatte ich nix am Hut. Telefon gab's damals bei uns nicht, und da bin ich öfter mal zu den Nachbarn ein paar Häuser weiter gegangen und hab von deren Telefon aus meine Mutter angerufen: ›Mutti, ich will morgen das und das kochen. Wie macht man das?‹ Die Zutaten waren ja alle da, aber ich hatte keine Ahnung, wie man sie zubereitet. Es hat zwar eine ganze Weile gedauert, aber irgendwann hab ich auch den Entenbraten so knusprig und saftig hinbekommen wie meine Schwiegermutter. Und mein Mann hatte nix mehr zu meckern.«

Ilse Burwitz

Jahrgang 1933, aus Neuendorf / Lauterbach

Stremelgurken*

*Rezept von Ilse Burwitz
aus Neuendorf

Die Gurken schälen und in fingerdicke, 5-6 Zentimeter lange Stücke schneiden. Die Kerne entfernen. Die Gurkenstücke 24 Stunden in Salz einlegen. Am nächsten Tag die Gurken aus der Salzlake nehmen, in einem großen Topf mit Essig, Zucker, Piment, Lorbeer und Dill gar kochen. Danach in Schraubgläser füllen.
Gut geeignet als Beilage zu gebratenem Fisch oder Fleisch.

4 grüne Gurken
Dill
2-3 Lorbeerblätter
Zucker
Salz
3 EL Essig
Piment

Schwarzbrot-Torte

Eier trennen, Eiweiß zu Schnee schlagen und Eigelb, Zucker und Mandeln auf hoher Stufe mit dem Mixer verrühren. Den Zitronenabrieb, das geriebene Schwarzbrot und zuletzt den Eischnee zugeben. In einer gefetteten Springform bei 180 Grad eine halbe Stunde backen. Nach dem Erkalten die Torte in zwei Böden teilen und mit Gelee oder Crème füllen.

4 Eier
150 g Zucker
100 g zerstoßene Mandeln
Abrieb von 1/2 unbehandelten Zitrone
150 g geriebenes Schwarzbrot
Gelee oder Crème

»**A**lso zu Hause hab ich nicht kochen gelernt. Meine Mutter hat mich da nicht so rangeführt, aus Angst, dass ich was vermassele. Gleich nach dem Krieg waren die Lebensmittel doch so knapp. Sie hat immer gesagt: ›Mädel, lat mi ma moken!‹ Ich durfte nur das Gemüse putzen. Später hab ich dann doch noch kochen gelernt, aber aus eigener Erfahrung. Meine erste Ente hatte ich doch glatt vergessen zu salzen, das schmeckte dann wie Knüppel aus dem Sack. Aber man lernt halt aus seinen Fehlern – die nächste Ente war dann richtig. Und die Schwarzbrot-Torte kenn ich noch aus meiner Kindheit. Die hab ich schon zu meinem Geburtstag bekommen, als es kaum was gab.«

Hilma Braun

Jahrgang 1938, aus Neuendorf / Lauterbach

Torte!

Pfefferkuchen

»**D**as Pfefferkuchen-Rezept stammt aus der Gegend von Putbus. Die Pfefferkuchen sollten rechtzeitig vor Weihnachten – also spätestens Mitte November – gebacken werden, damit sie zum Fest richtig lecker schmecken.«

Amrei Schiemer-Krüger

Inhaberin »Gutshaus Krimvitz«

Honig, Sirup, Zucker und Butter in einem großen Topf leicht erwärmen, damit sich die Zutaten gut miteinander verbinden. Die Gewürze und die gehackten Mandeln mit einrühren. Wer es mag, nimmt noch gehacktes Zitronat mit hinzu. Die Masse abkühlen lassen. Eine halbe Tasse kaltes Wasser mit Hirschhornsalz und Pottasche vermengen. Zusammen mit den Eiern in die Honigmasse geben. Zum Schluss das Mehl einarbeiten.

1 kg Honig
400 g Zuckerrübensirup
400 g Zucker, 250 g Butter
2 Pck. Pfefferkuchengewürz
1 Msp. Nelkenpulver
20 g Zimt
250 g gehackte Mandeln
Salz, 10 g Hirschhornsalz
25 g Pottasche
4 Eier, 1,5 kg Mehl

Dieser Teig muss mindestens 2 Tage an einem kühlen Ort ruhen, danach über Nacht bei Zimmertemperatur stehen, um dann sehr gut durchgeknetet zu werden. Auf gefetteten Backblechen in mehreren Portionen bei ca. 180 Grad 15–20 Minuten backen, Hölzchenprobe machen. Der Kuchen sollte gar, aber nicht zu braun werden.

Nach dem Backen den Kuchen in Rauten schneiden und mit Schokolade oder Zuckerguss verzieren, eventuell eine Mandel in die Mitte geben. Die Pfefferkuchen in Dosen gut verschlossen einige Wochen aufbewahren, dann sind sie zu Weihnachten richtig fein.

Bauernkuchen
mit Butterstreuseln*

*Guten Appetit!
wünscht die Bäckerei Marschall in Putbus

Den Zucker mit Margarine, Butter und Eiern sämig rühren. Die restlichen Zutaten dazugeben und so lange kneten, bis ein ausrollbarer Teig entsteht. Den Teig »rundwirken«, das heißt, ihn vom Rand zur Mitte hin zusammenkneten und dabei etwas eindrehen. 30 Minuten gehen lassen. In der Zwischenzeit für die Streusel die zimmerwarme Butter mit Zucker und Mehl vermischen und langsam krümelig kneten.

815 g Weizenmehl
85 g Butter, 130 g Margarine
130 g Zucker, 3 Eier
85 g Hefe
40 g Salz, 340 ml Milch
800 g Früchte der Saison

Für die Streusel:
500 g Butter, 500 g Zucker
600 g Weizenmehl

Den Hefeteig auf die gewünschte Größe ausrollen. Am besten einen Durchmesser von etwa 50 Zentimetern wählen. Den Kuchen mit reichlich Früchten belegen, zum Beispiel Pflaumen, Kirschen oder Äpfeln. Jetzt die Streusel darüberstreuen. Im vorgeheizten Backofen bei 180 Grad etwa 1 Stunde backen.

»**E**s ist uns wichtig, alte Traditionen zu bewahren. Daher suchen wir immer nach möglichst alten Rezepturen, die noch ohne die heute üblichen Fertigbackmittel auskommen. In einem Konditoreibuch von 1896 haben wir einen großen Hefekuchen mit Früchten der Saison gefunden. Der gefiel uns. Wir haben etwas herumexperimentiert und dann stimmte das Rezept auch für unseren heutigen Geschmack. Diesen Bauernkuchen backen wir aber nur auf Bestellung, denn er ist bis zu 60 cm groß. Torsten Plötz aus dem ›LUV‹ in Puddemin bestellt ihn zum Beispiel oft. Er verkauft die großen Teile dann als ›Liebesstücke‹, weil davon locker zwei Leute satt werden.«

Arne und Jana Marschall
von der Bäckerei Marschall in Putbus

Petersilienwurzel-Mousse mit warmen Lachsstremelchen*

*Guten Appetit! wünscht Holger Mootz,
Küchenchef im Hotel »Wreecher Hof« in Putbus

Die Petersilienwurzeln schälen und in kleine Stücke schneiden. 100 ml von der Gemüsebrühe abmessen und zur Seite stellen. Wurzeln in der restlichen Gemüsebrühe gar ziehen lassen und auf 350 ml reduzieren. Die weich gekochten Petersilienwurzeln einschließlich der Gemüsebrühe mit einem Pürierstab zerkleinern und durch ein Sieb streichen. 150 ml dieser Masse abmessen und in einen Topf geben, mit 50 ml Sahne auffüllen, erwärmen und mit Salz, Pfeffer, Zucker und Ingwer abschmecken. Die Gelatine in die heiße Flüssigkeit geben und gut verrühren. Nicht mehr kochen. Die restliche Sahne aufschlagen und kalt stellen. Die Petersilienwurzelmasse auf Eis kalt rühren.

Für die Petersilienwurzel-Mousse:
300 g Petersilienwurzel, Salz
500 ml Gemüsebrühe, Zucker
200 ml Schlagsahne, Ingwer
3 Blatt Gelatine klar, Pfeffer
Für das Pesto: **30 ml Olivenöl**
1 Bd. glatte Petersilie, Pfeffer
1 Knoblauchzehe, 10 g Parmesan, 10 g Pinienkerne, Salz
4 Lachsstremelchen à 80 g

Sind etwa 18 Grad erreicht, die steif geschlagene Sahne unterziehen, in Formen abfüllen und kalt stellen.

Für das Pesto die glatte Petersilie waschen und von den Stängeln zupfen. Zusammen mit den anderen Zutaten in eine Küchenmaschine geben und gut aufmixen.

Vor dem Servieren den Stremellachs von der Haut befreien und bei 180 Grad für 5 Minuten im Ofen anwärmen. Den Fisch auf einem Teller anrichten, das Petersilien-Pesto über den warmen Lachs geben. Die Petersilienwurzel-Mousse aus den Formen stürzen und neben den Lachs auf den Teller setzen. Man kann auf dem Teller noch ein wenig marinierten Salat arrangieren.

Petersilienwurzel (auch Wurzelpetersilie) kam etwa im 16. Jahrhundert aus dem Mittelmeerraum in unsere Breiten. Sie hat einen intensiven, leicht süßlichen Geschmack, ähnlich dem der Pastinake. Petersilienwurzeln halten sich bis zu sechs Monaten, wenn man sie in einem leicht feuchten Sandbeet aufbewahrt. Dieses Wurzelgemüse ist zu Unrecht etwas aus der Mode gekommen, denn es besitzt Vitamine und Mineralstoffe sowie verschiedene ätherische Öle, die förderlich auf die Verdauung und die Nierentätigkeit wirken.

Mousse vom Ziegenkäse
mit kross gebratenem Zander auf Graupen-Risotto*

*Guten Appetit! wünscht Holger Mootz,
Küchenchef im Hotel »Wreecher Hof« in Putbus

Für die Ziegenkäse-Mousse 100 ml Sahne mit der Gemüsebrühe erwärmen und den Ziegenkäse in der warmen Flüssigkeit schmelzen.
Die Gelatine in kaltem Wasser einweichen. Die Ziegenkäse-Masse abschmecken.
Die restliche Sahne aufschlagen und kalt stellen. Gelatine aus dem kalten Wasser nehmen, ausdrücken und in der warmen Masse auflösen. Dann auf Eis kalt rühren, bis etwa 18 Grad erreicht sind. Jetzt die geschlagene Sahne unterheben.
Die Mousse in Formen füllen und kalt stellen.

Für die Ziegenkäse-Mousse:
100 g milder Ziegenfrischkäse
300 ml Sahne
80 ml Gemüsebrühe
4 Blatt Gelatine klar

Für das Graupen-Risotto:
50 g Perlgraupen
20 g Schalotten
150 ml Gemüsebrühe
20 g Parmesan
etwas Abrieb von
einer unbehandelten Zitrone
Salz, Pfeffer
Thymian

Für das Graupen-Risotto die Schalotten schälen und in feine Würfel schneiden.
Anschließend in nicht zu heißem Fett anschwitzen. Die Graupen zugeben, mit Brühe auffüllen, würzen, Thymian zugeben und mit der Gemüsebrühe bei kleiner Hitze gar ziehen lassen, bis die komplette Brühe in die Graupen gezogen ist. Dabei öfter umrühren.
Sollten die Graupen noch nicht ihren Garpunkt erreicht haben, erneut etwas Wasser nachfüllen und weiter erwärmen.
Vor dem Servieren den Parmesan unter das Risotto ziehen.

Für die Sauce die Gemüsebrühe mit der Milch zum Kochen bringen. Die Petersilie von den Stängeln befreien und das Grün in die heiße Flüssigkeit geben. Mit Salz und Pfeffer würzen und mit der angerührten Stärke leicht binden. Noch einmal kurz aufkochen lassen.

Für die Sauce:
1 Bd. Petersilie glatt
50 ml Gemüsebrühe
50 ml Milch
Salz
Pfeffer
etwas angerührte Stärke
4 Zanderfilets à 80 g mit Haut
Öl zum Braten

Zander?

Ziege?

Zum Schluss in einem Küchenmixer gut mischen und durch ein Sieb streichen. Den Zander auf der Hautseite leicht einritzen, in Öl bei geringer Hitze langsam von beiden Seiten kross braten und vor dem Auftragen mit Salz bestreuen.

Das Graupen-Risotto warm in einem Anrichtering auf einem Teller arrangieren, den Zander mit der Hautseite nach oben daraufsetzen.

Die Ziegenkäse-Mousse stürzen und neben dem Zander anrichten, die Sauce mit einem Pürierstab schaumig aufschlagen und über den Fisch geben.

Man kann den Teller noch mit mariniertem Salat vervollständigen.

Limettencrème
auf Holunder-Kaltschale*

*Guten Appetit! wünscht Holger Mootz,
Küchenchef im Hotel »Wreecher Hof« in Putbus

Kalt!

Crème frâiche erwärmen und mit der Limettenschale verrühren. Die eingeweichte Gelatine, Zucker und Limettensaft dazugeben. In Schälchen abfüllen und kalt stellen. Alle Zutaten für die Kaltschale in einen Topf geben und zum Kochen bringen. Reduzieren, bis alles etwas dickflüssig ist, und anschließend ebenfalls kalt stellen.

Für die Limettencrème:
500 g Crème frâiche
Abrieb von
1/2 unbehandelten Limette
Saft von 2 Limetten
2 Blatt Gelatine klar
230 g Zucker

Für die Kaltschale:
100 ml Holunder-Fruchtmark
100 g Zucker
50 ml roter Portwein
etwas Orangenschale
1/4 Vanilleschote

Warm!

Die Holunder-Kaltschale in einen tiefen Teller füllen, die Limettencrème in die Mitte des Tellers stürzen. Mit etwas leicht geschlagener und gesüßter Sahne ein Muster auf die Kaltschale ziehen. Mit ein wenig Minze und zur Blütezeit in Läuterzucker eingelegten Holunderblüten dekorieren.

Quittencrème
mit marinierten Beeren*

*Guten Appetit! wünscht Holger Mootz,
Küchenchef im Hotel »Wreecher Hof« in Putbus

Für die Quittencrème Milch und Vanillemark aufkochen lassen. Eigelb und Zucker verquirlen und unter ständigem Rühren hinzugeben.
In einer Schale im Wasserbad (das Wasser muss kochen) aufschlagen, bis es bindet. Die Masse darf nicht zu heiß werden, sonst stockt das Eigelb. Die Gelatine einweichen, ausdrücken und mit dem Quittenmark unter die heiße Flüssigkeit geben. Auf Eis kalt schlagen bis kurz vor dem Gelierpunkt. Die geschlagene Sahne sowie Calvados unterziehen, in Formen abfüllen und kalt stellen.

2 Eigelb, 90 g Zucker
130 ml Milch
90 ml Quittenmark
1/2 Vanillestange
3 Blatt Gelatine klar
250 g Sahne, 2 cl Calvados
150 g Beeren der Saison
100 ml roter Portwein
2 cl Maraschino
80 g Zucker

Portwein, Zucker und Maraschino in einem Topf zum Kochen bringen und um die Hälfte reduzieren. Die Masse abkühlen bis auf etwa 25 Grad. Dann die Flüssigkeit über die geputzten Beeren geben. Die Beeren in der Mitte eines Tellers anrichten. Die Quittencrème stürzen und an die Beeren setzen. Eventuell mit Minze garnieren.

Milchsuppe mit Birnen

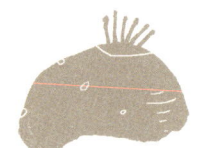

Die Birnen schälen, das Kerngehäuse entfernen und in kleinen Stücken in 500 ml Wasser mit Zucker weich kochen. Von der Milch eine Tasse abnehmen und darin das Saucenpulver anrühren. Die restliche Milch mit den Nelken zum Kochen bringen und das gelöste Saucenpulver unterrühren. Die Eier trennen, Eiweiß steif schlagen. Jetzt die gegarten Birnen zugeben und den Saft einer Zitrone sowie etwas abgeriebene Zitronenschale einrühren. Während des Erkaltens Eigelb und Eischnee unterziehen.

6 Birnen
4 EL Zucker
1 l Milch
2 Pck. Saucenpulver Vanillegeschmack zum Kochen
2 Nelken
Saft und Abrieb
einer unbehandelten Zitrone
2 Eier
30 g Butter

Suppe!

Mönchgut

Wer nördlich von Baabe den Mönchgraben überschreitet, steht auf der Halbinsel Mönchgut. Und Mönchgut ist gewissermaßen nicht Rügen. Im Jahre 1252 erhielten die Ordensbrüder des Klosters Eldena zunächst den nördlichen Teil, das Land Reddevitz, von Fürst Jaromar II. und zahlten eine Abfindung von 1100 Mark dafür. Etwas mehr als 100 Jahre später kauften die frommen Brüder für weitere 3180 Mark den südlichen Teil von der Familie Bonow dazu.

Seitdem wirtschafteten und lebten die Bewohner von »dat Mönke Gud« abgeschieden vom restlichen Insel-land. »Na Rügen hen« begab man sich kaum. Nach dem Willen des Zisterzienserordens war der Handel über die Grenzen des Mönchgrabens hinweg wohl nicht gewünscht oder

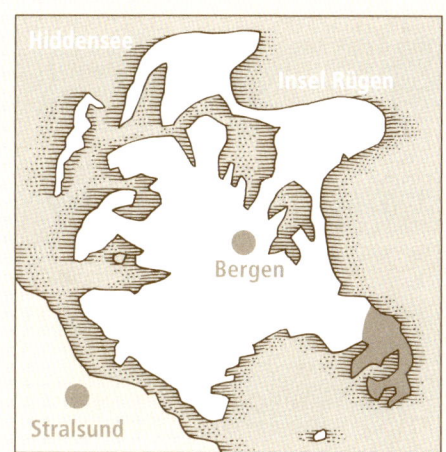

gar untersagt. So entwickelten sich eigene Traditionen, Festtagstrachten und sogar Essgewohnheiten.

Die Mönchguter waren Bauern, Fischer und Lotsen und lebten von dem, was Acker, Stall und Meer hergaben. War das Essen auch karg, musste es zumindest nahrhaft sein, denn die Arbeit war hart.
Vier Mahlzeiten gab es am Tag. Das

Frühstück bestand meist aus gesalze-nem oder gedörrtem Fisch mit Kartof-feln. Zu Mittag stand gewöhnlich fein geschnittener Kohl mit Gersten- oder Buchweizengrütze und etwas ge-salzenem Fleisch auf dem Tisch. Dazu gab's Suppe von Grütze mit Butter-milch oder Quark mit süßer Milch. Zu dieser Hauptmahlzeit versammelte sich die gesamte Familie mit dem Gesinde in der »Dönz«, der beheizba-ren Stube. Die Erwachsenen nahmen am Tisch Platz, wogegen die Kinder bis ins späte 19. Jahrhundert hinein beim Essen stehen mussten. Alle aßen gemeinsam aus einer Schüssel mit Holzlöffeln. Die wurden nach Gebrauch nur ordentlich abgeleckt und gleich wieder in die Lederösen am Tisch gesteckt. Die benutzten Messer verstauten die Männer im Stiefelschaft, die Frauen im Brustlatz.

Da Brotgetreide auf dem kargen Boden nur in bescheidenem Umfang gedieh, aß man nur zum Kornkaffee am Nachmittag mal Brot mit Butter oder Schmalz. Der Tag endete gegen 9 Uhr abends mit der Nachtkost: Salzhering mit Pellkartoffeln und Gerstensuppe.

Bezeichnend für das Einerlei der Mönchguter Küche war, dass bis etwa 1850 meist nur zweimal in der Woche gekocht wurde. Und zwar in so reichlichen Mengen, dass man an den übrigen Tagen das Essen immer nur aufzuwärmen brauchte. Erstens fehlte der Hausfrau ohnehin die Zeit zum anspruchsvollen Kochen – schließlich hatte sie meist auch noch das Vieh zu versorgen – und zweitens gab der Boden damals einfach keine Zutaten für abwechslungsreichere Kost her.

Nur sonntags oder zu besonderen Anlässen gab es Salzfleisch mit Salz- kartoffeln und dazu als Tunke Pökel- oder Zwiebelwasser.
Außer Kohl aß man kaum Gemüse. Das war als »Grönfauder« (Grünfutter) verpönt. Zu besonderen Festen gab es aus heutiger Sicht seltsame Gerichte wie Hümpel-up mit Päkaal (Rezept auf Seite 84) oder Drüschelhering mit Backbeeren und Senfsauce.

Zu eingesalzenem und dann gekoch- tem Hering gab es bei diesem Gericht weich gekochte Backbirnen mit zer- riebenem Senf und saurer Milch. Letzteres war ein besonders gebräuch- liches Gericht für den zweiten Hoch- zeitstag. Apropos Hochzeit. Wurde geheiratet, feierte man auch anstän- dig und vergaß jede Sparsamkeit. So ein Anlass war für gewöhnlich eine Angelegenheit des ganzen Dorfes. 100 oder gar 200 Gäste waren keine Seltenheit. Im Gegensatz zum sonst sehr spartanischen Lebensstil auf dem Mönchgut wurden hierbei keine Ausgaben gescheut, die sich beide Brauteltern übrigens teilten. Und jeder der Gäste steuerte zum Fest etwas Milch bei, da die benötigten Mengen sonst nicht zu beschaffen waren.

Gebräuchlicherweise fand eine Hochzeit im Herbst nach Einbringen der Ernte statt. Nach einer ganzen Woche der emsigsten Vorbereitungen schritten die Brautleute am Freitag vor den Altar. Beim folgenden Festessen wurde geschlemmt und getrunken, was das Zeug hielt. Zuerst Brot und Butter mit Branntwein, dann wurde der fette Schweinebraten aufgetischt. Dazu aß man Pflaumen und Kartoffeln. Manchmal Fische mit einer scharfen Senfsauce. Und als Nachtisch dicken Milchreis mit Zucker und Zimt. Holzlöffel und Klappmesser brachte jeder Gast selbst mit, Gabeln kannte man nicht.

Nach ausgelassenem Tanz auf dem Scheunenboden wurde zur Mitternacht noch Fisch mit Kartoffeln und Rosinensauce gereicht. Dann dauerte der Tanz bis zum Morgen fort. Zur Auffrischung der Lebensgeister gab es um 6 Uhr Dünnbier oder Grog zu Butterbrot, Leberwurst und Rindfleisch. Erst am darauffolgenden Tag, dem Sonntag, war die Hochzeit mit dem Gang zur Kirche beendet.

Man muss den Mönchgutern allerdings zugutehalten, dass eine Hochzeit das einzige ausschweifende Fest war, das sie kannten. Und ein altes Tanzlied erinnert daran, dass nach der rauschenden Feierlichkeit wieder die Mühsal des täglichen Lebens wartete:

»Drei Dag, drei Dag, drei lustige Dag, nachher da kümmt de ewige Plag …«

Zanderfilet
unter Sauerkraut-Thymian-Kruste*

*Guten Appetit! wünscht Mirko Liencke,
Küchenchef vom Gasthof »Zur Linde« in Middelhagen

Zuerst wird das Sauerkraut mit Thymian und Salz gekocht. Die Crème fraîche darunterrühren und erkalten lassen, bis das Ganze fest wird. Für die Sauce die Tomaten würfeln und mit der gehackten Zwiebel anschwitzen. Mit der Gemüsebouillon und einem Schuss Weißwein ablöschen.
Dann Basilikum, Oregano, Knoblauch und einen Löffel Sauce Hollandaise unterrühren.

180 g Zanderfilet pro Person
1 Dose Sauerkraut
100 g Crème fraîche
Thymian, Salz, Zitronensaft
Für die Sauce: **150g Tomaten**
1 Zwiebel, frisches Basilikum
150 ml Gemüsebouillon
1 Schuss Weißwein, Oregano
1 Knoblauchzehe
1 EL Sauce Hollandaise

Die Filets werden mit Zitronensaft und Salz bestrichen und mit Olivenöl nur auf der Hautseite gebraten.
Ist der Zander oben glasig, wird die vorbereitete Sauerkrautmischung etwa einen halben Zentimeter dick daraufgestrichen. Dann die Filets wenden und die Kruste knusprig braten. Dazu passen Salzkartoffeln.

Das Leben der Mönche war von Arbeit geprägt. Dass sie sich aber auch auf die angenehmen Seiten des Lebens verstanden, könnte man der Tatsache entnehmen, dass eines der ersten Gasthäuser Rügens just auf dem Mönchgut entstand.
Die dunklen Ziegel im Klosterformat, die um 1400 für den Kirchenbau verwendet wurden, finden sich ebenfalls im Gemäuer des alten Dorfkrugs gegenüber. Wahrscheinlich brauten die Mönche dort sogar ihr eigenes Bier. Denn überliefert ist, dass sie Hopfen anbauten und das Recht hatten, auf ihrem Hof selbst Bier herzustellen.
Kein Wunder, dass die Feste aller umliegenden Dörfer, besonders viele Hochzeiten, in diesem Dorfkrug gefeiert wurden. Noch heute ist das Gasthaus »Zur Linde« bei Einheimischen und Urlaubern sehr beliebt. Auf der Speisekarte steht so manches Gericht mit Jahrhundert-Tradition. Ostseescholle mit heißen Stachelbeeren findet sich hier oder Matjes aus dem Rauchöl. Am häufigsten aber muss der Küchenchef Zanderfilet unter Sauerkraut-Thymian-Kruste brutzeln.

Drüschelhering

Der Hering wird gewaschen, kräftig mit Salz eingerieben und eine Nacht kühl gestellt. Am nächsten Tag muss der Fisch zuerst abgespült werden. Die Zwiebeln mit Lorbeer, Piment und Salz zum Kochen bringen, darin zieht der Hering gar. Der Sud wird etwas mit Mehl angedickt, mit Salz abgeschmeckt und zum Schluss mit gehackter Petersilie bestreut. Dazu gibt es Äppelschmer. Dafür die klein gehackten Zwiebeln und die entkernten, geschälten und gewürfelten Apfelstücke in dem Fett so lange braten, bis eine musige Masse entsteht. Zu dem Gericht isst man Salzkartoffeln.

8 frische Heringe
2 Zwiebeln
2 Lorbeerblätter
Piment, Salz, Mehl, Petersilie
Für Äppelschmer:
4 Äpfel
2 Zwiebeln
Butter oder Margarine

Geräucherte Flundern mit Kohl

Den Kohl vierteln, beschädigte Außenblätter entfernen, den Strunk herausschneiden. Die Kohlviertel in grobe Streifen schneiden. Den Speck fein würfeln und in einem Topf auslassen. Zwiebeln schälen, würfeln und im Speckfett glasig andünsten. Dann den Kohl portionsweise dazugeben und kräftig anbraten. Mit Brühe ablöschen. Kümmel, Salz und Pfeffer darüberstreuen und bei gelegentlichem Umrühren etwa 20 Minuten auf mittlerer Flamme schmoren lassen.

4 geräucherte Flundern
1 Kopf Weiß- oder Wirsingkohl
150 g durchwachsener Speck
2 Zwiebeln
1 l Fleischbrühe
1 TL gemahlener Kümmel
Salz, Pfeffer
Fett für die Form

Eine Auflaufform fetten, den Kohl hineinschichten und mit den Räucherflundern belegen. Die Form mit einem Deckel oder Alufolie verschließen und bei 200 Grad noch einmal 12 bis 15 Minuten im Ofen backen. In der Form auf den Tisch bringen und mit Salzkartoffeln und grünem Salat servieren.

Kohl ist das wohl verbreitetste Gemüse in der vorpommerschen Region. Und man versteht ihn hier wirklich gut zuzubereiten. Rot-, Weiß-, Sauer- oder Rosenkohl rangieren dabei an gleicher Stelle wie Wruken.

Die traditionellen Steckrüben werden scherzhaft auch als »Ananas des Nordens« bezeichnet. In vielen alten Rezepten wird Kohl eher wie ein Eintopf zubereitet, dann aber mit Fisch oder Fleisch gereicht. Vielleicht rührt das daher, dass häufig viele Mäuler mit wenig Gemüse und noch weniger Braten gestopft werden mussten und diese Zubereitungsart einfach »länger« reichte und nach mehr aussah.

Flundern!

Hornfischrogen mit Bratkartoffeln*

*Guten Appetit! wünscht Christine Brandt
vom Restaurant »Zum Fischer« in Baabe

Sind genügend Fische mit Milch vorhanden, kann man Rogen und Milch mischen. Ansonsten den Rogen in seinem dünnen Häutchen belassen und in der Pfanne braten. Hinterher salzen und pfeffern. Mit Bratkartoffeln und Salat anrichten. Damit der Rogen nicht zu trocken schmeckt, wird er im Restaurant »Zum Fischer« in Baabe mit Remouladensauce angeboten.

**Rogen aus 5-6 Hornfischen evtl. auch Hornfischmilch
1 Zwiebel
Salz
Pfeffer**

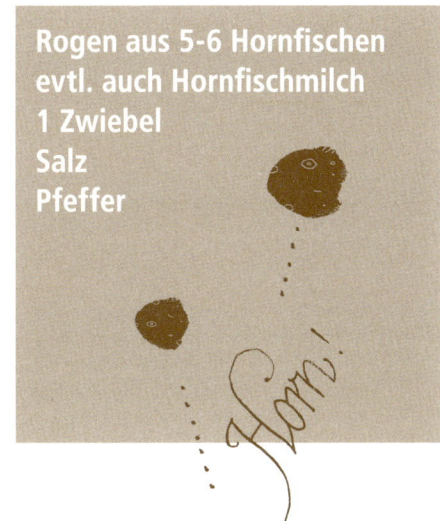

Das Jahr der Fischer hat von jeher nicht Monate, sondern Fischfangzeiten. Als Erstes kommt im Frühjahr der Hering zum Laichen vor die Küsten Rügens. Ihm folgt im Mai der Hornhecht, dann Dorsch, Aal, Steinbutt, Flunder und wieder Aal, gefolgt vom Hering im Herbst. Dann kommt der lange Winter und damit die Zeit, Reusen und Netze zu reparieren. Heute gibt es auf dem Mönchgut kaum noch Strandfischer. Denn die Strandfischerei ist schwierig. Ohne schützenden Hafen sind die Fischer besonders wetterabhängig und jeden Tag müssen die Boote mühsam auf den Strand gezogen werden. Roberto Brandt ist einer der letzten dieser Fischer im Haupterwerb. Er bringt seine Stellnetze rund anderthalb Kilometer vor dem Strand von Baabe aus. Am Nachmittag aufstellen, am frühen Morgen danach ernten. Den Fisch verarbeitet Christine Brandt in der Küche des Familienbetriebes »Zum Fischer«. Sie kennt noch so manches Rezept von früher, als vom Fisch nur ungern etwas weggeworfen wurde. Aus dieser Zeit stammt auch das nebenstehende Gericht.

Hornfisch mit glasiertem Schweinebauch an Bärlauch-Püree*

*Guten Appetit! wünscht Ulrich Grampp,
bis 2010 Küchenchef im Hotel »Hanseatic« in Göhren

Der Schweinebauch wird bereits 24 Stunden vor dem Essen in der Backröhre bei 180 Grad geschmort.
Die Bärlauchblätter grob zerkleinern und mit etwas Olivenöl pürieren. Diese Paste kann im Kühlschrank auch mehrere Tage aufbewahrt werden.
Der Hornfisch wird filetiert. Zwar hat er nicht gerade wenige Gräten, aber durch die charakteristische Grünfärbung sind sie gut zu finden. Spargel und Radieschen in ganz dünne Scheibchen schneiden. Die Kartoffeln kochen. Die Filets werden gebraten und Spargel- und Radieschenscheiben zusammen gedünstet. Die Kartoffeln werden mit etwas Milch, Salz und Butter gestampft und am

**4 Hornfische
50 g Apfelschweinebauch
4-5 Stangen Spargel
1 kleines Bd. Radieschen
Kartoffeln
etwa 200 g frischer Bärlauch**

Ende kann je nach Geschmack mehr oder weniger Bärlauch untergehoben werden. Das gibt eine ungewöhnliche hellgrüne Farbe. Angerichtet werden je 2 Filets mit einem Stück Apfelschweinebauch, flankiert von Püree und Gemüse und evtl. noch einer leichten süß-sauren Sauce.

Heute ist natürlich auch gehobene Gastronomie auf dem Mönchgut zu finden. Mit dem Anspruch, Frisches aus der Region zu verarbeiten. Dem ehemaligen Küchenchef Ulrich Grampp vom »Hanseatic« in Göhren kam sehr gelegen, dass ein paar seiner Köche zwar leidenschaftlich gern angeln, aber selbst den Fisch nicht essen. So wird die gediegene Abendkarte des Restaurants so manches Mal vom Anglerglück der kochenden Petrijünger inspiriert.
Übrigens: Inzwischen hat Sternekoch Benedikt Faust den Staffelstab in der Küche des »Hanseatic« übernommen.

Warmes Rügener Räucheraal-Filet
auf Belugalinsen

mit Kartoffeln, Schaum und altem Balsamico*

*Guten Appetit! wünscht André Vujtech,
Küchenchef im »MeeresBlick« in Göhren

Den Räucheraal filetieren und das Gemüse putzen. Die Aal- und Gemüseabfälle mit Lorbeer, Pfeffer und Piment 20 Minuten auskochen. Diesen Fond durch ein Sieb passieren, anschließend mit der Sahne aufkochen und auf kleiner Stufe reduzieren lassen. Währenddessen die Kartoffeln schälen und kochen. Die Linsen in leicht gesalzenem Wasser garen, bis sie wachsweich sind.

Die Gemüse fein würfeln und blanchieren. Den Frühstücksspeck in feine Streifen schneiden. Das Aalfilet wird nun in 4 Portionen geteilt und in der reduzierten Sauce (nicht zu heiß!) erwärmt.

In einer Pfanne etwas Butter auslassen und die gekochten

400 g Räucheraal, 70 g Lauch
200 g Belugalinsen
70 g Sellerie, 50 g Karotten
300 g kleine Kartoffeln
50 g Frühstücksspeck
60 ml Sahne, Salz
schw. Pfeffer aus der Mühle
Zucker, Lorbeer, Piment
alter Balsamico-Essig
Butter zum Braten

Kartoffeln darin goldbraun rösten, leicht salzen und warm stellen. Den Speck in der Pfanne auslassen, durch ein Sieb geben und ebenfalls warm halten. Die Linsen und die Gemüsewürfel in dem aufgefangenen Schmalz erwärmen und mit Salz und Zucker abschmecken. Zuerst das Linsengemüse in der Tellermitte anrichten, die

Kartoffeln darum verteilen und mit den krossen Speckstreifen bestreuen. Den Aal aus der Sauce nehmen, auf die Linsen legen und mit schwarzem Pfeffer aus der Mühle bestreuen. Nun die Sauce mit einem Mixstab aufschäumen, um die Linsen verteilen und abschließend mit einem dünnen Faden des alten Balsamico dekorieren.

Schwarzsauer

Bei Familie Westphal in Groß Zicker wird noch heute wie von alters her das sogenannte Schwarzsauer gekocht, da sie regelmäßig Schweine schlachten. Zu so einem Essen finden sich dann immer viele Esser ein, da es auch handgemachte Leber-, Blut- und Lungwurst sowie Griebenschmalz gibt. Wer nicht selber schlachtet, kann das benötigte Blut aber auch beim Schlachter bestellen.

Aus dem schön durchwachsenen Fleisch wird mit Lorbeerblatt, Piment, Zwiebeln und Salz eine Fleischbrühe gekocht. Von der fertigen Brühe etwas in die gewünschte Menge Blut geben. Das Blut muss zimmerwarm sein, damit es nicht gerinnt. Dann die Kartoffelstärke zugeben und nach und nach die restliche Fleischbrühe. Sie wird mit etwas Zimt, Zucker, Salz und Essig abgeschmeckt.
Zum Schluss kommen die Pflaumen hinzu. Die Suppe muss säuerlich-süß schmecken.
Als Beilage sind Mehl-Eier-Klöße oder Pellkartoffeln üblich.
Das Fleisch kommt auf einen extra Teller und wird in kleinen Stücken dazu gereicht.

1,5 kg durchwachsenes Fleisch vom Schwein
1/2 l Schweineblut
1-2 TL Kartoffelstärke
2 Zwiebeln, Piment, Zimt
3 Lorbeerblätter
70 g Zucker, Essig, Salz
300 g Backpflaumen oder Pflaumen aus dem Glas

Schowarz!

Eisbein-Sülze

Das Eisbein mit kaltem Wasser aufsetzen und zum Kochen bringen, eventuell abschäumen. Die Zwiebeln schälen und gemeinsam mit den Gewürzen, etwas Salz und Zucker in die Brühe geben und auf kleiner Flamme köcheln lassen.
Dazu Essig, bis das Kochwasser kräftig sauer schmeckt.
Wenn das Fleisch gar ist, herausnehmen und abkühlen lassen, dann in mundgerechte Stücke schneiden. Die Brühe durch ein Sieb gießen und laut Packungsanweisung die Gelatine darin auflösen. Das Fleisch in eine große Schüssel geben, mit der Brühe bedecken und gelieren lassen. Zur Eisbein-Sülze isst man Bratkartoffeln und Remouladensauce.

1 Eisbein
2 Zwiebeln
1 Lorbeerblatt
4 Pimentkörner
Zucker
Salz
Essig
1 Pck. Gelatine

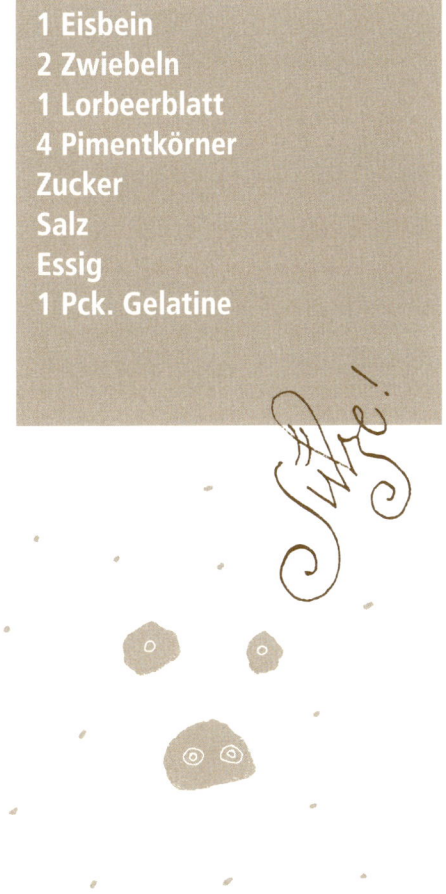

»Meine Eltern hatten früher eine Landwirtschaft in Klein Zicker. Mit 2 Pferden, 4 Kühen, 10 Schafen, 4 Schweinen, Hühnern und 56 Morgen Land. Vater ist zum Fischen gefahren, außerdem wurden im Sommer die zwei Stuben an Feriengäste vermietet. Meine Eltern haben dann in der Scheune geschlafen und ich sogar mal in der früheren Kuhkrippe. Natürlich schön mit Decken ausgelegt. Als ich 10 wurde, musste ich schon mitarbeiten. Das war damals ganz normal. Erst die Schularbeiten, dann helfen. Alles, was so anfiel und ich schon machen konnte: Heringe auspuken, später Kartoffeln hacken oder Getreidegarben binden. Gerade während der Heuernte war viel zu tun. Und wenn meine Mutter sagte: ›Wenn du dich beeilst mit Küche wischen, darfst du noch eine halbe Stunde an den Strand zum Baden. Sonst musst du gleich aufs Feld.‹ Na, da war ich natürlich ganz besonders schnell fertig! Kurz vor Weihnachten wurde bei uns immer geschlachtet. Damit hatte ich damals gar nix am Hut. Aber die Sülze mach ich heute noch genauso wie damals meine Mutter.«

Waltraud Pahl geboren 1925, Baabe

77

Mönchguter Lamm-rücken
im Kräuter-Heu mit Jus*

*Guten Appetit! wünscht Küchenmeister Peter Knobloch
von der »Villa mit Sonnenhof« in Göhren

Der Lammrücken wird nach dem Würzen mit dem Thymianzweig in Öl von allen Seiten angebraten und mit dem Kräuter-Heu in einen Bratschlauch gegeben. Dieser wird gut zugebunden und in der vorgeheizten Backröhre 30 Minuten bei 85 Grad gegart.
Für das Kräuter-Heu stehen je nach Jahreszeit folgende Kräuter zur Auswahl:
Schafgarbe, Bärlauch, Gundermann. Wilde Rauke, Spitzwegerich, Thymian, Rosmarin, Dost, Minze, Wiesen-Kümmel, Wilde Karotte, Grün von der Pastinake, Bronzefenchel, Liebstöckel, Selleriekraut. Sie werden sortenrein gesammelt, vorsichtig, aber gründlich gewaschen und im Küchentuch trocken geschleudert.

Für den Lammrücken:
400 g Lammrückenfilet
1 Thymianzweig
30 ml Öl zum Anbraten, Salz
Pfeffer aus der Mühle
400 ml Lammjus, 1 EL Stärke
Kräuter der Saison

Die Kräuter werden entweder auf einem Gitter ausgebreitet oder luftig aufgehängt getrocknet. Da zu viele Aromen verloren gehen würden, darf dies nicht in der Sonne geschehen.
Je nach Geschmack kann man sich nun seine eigene Kräutermischung herstellen.

Das Konzept ist ebenso einfach wie exklusiv: Ein Restaurant für nur 12 Personen. Der Chef kocht für alle dasselbe Menü. Das aber darf ruhig aus acht ausgesuchten Gängen bestehen. Gäste, die sich zu Beginn des Essens meist noch nicht kannten, sitzen an der einzigen gemeinsamen Tafel in dem hellen Raum. Allerdings nicht lange, denn hier darf zwischendurch auch aufgestanden werden.
Und spätestens nach dem Amuse-Gueule lehnen denn auch alle am Tresen der offenen Küche und schauen Peter Knobloch in die Töpfe und Pfannen, aus denen er seine exzellenten Köstlichkeiten hervorzaubert. Und da der Küchenchef mit Tipps und Anekdoten nicht hinterm Berg hält, wird der Abend eine nicht nur sehr schmackhafte, sondern auch äußerst unterhaltsame Angelegenheit.
So zu erleben in der »Villa mit Sonnenhof« in Göhren.
Wem die Arbeit mit der Lammjus zu aufwändig ist, kann sie fertig bei Knobloch direkt bestellen. Auch so besondere Würze wie Wiesenkräutersalz, Bärlauch- oder Rosenblüten- und sogar Sanddornsalz stellt der Meister selbst her.

Zweierlei von der Petersilie

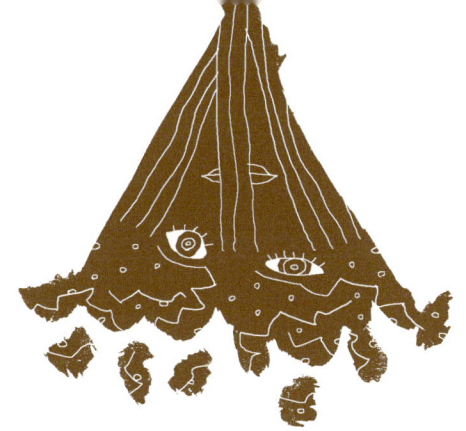

Für das Petersilienwurzel-Püree Petersilien- und Schalottenwürfel in Butter dünsten, Geflügelbrühe und Sahne angießen und 40 Minuten butterweich köcheln lassen. Würzen, im Küchenmixer pürieren, abschmecken und bereitstellen.

Nun den Spinat von der Blattpetersilie vorbereiten:
Dafür werden Schalotten in der Butter glasig geschwitzt, die gut gewaschenen Petersilienblätter zugefügt und etwas Brühe zugegeben. Abdecken und kurz dünsten. Nachdem die Petersilie zusammengefallen ist, werden die Gewürze dazugegeben.

Für das Petersilienwurzel-Püree:
400 g Petersilienwurzel-Würfel
50 g Schalotten-Würfel
150 ml Geflügelbrühe
150 ml süße Sahne
50 g Butter, Salz
weißer Pfeffer aus der Mühle
Muskat

Für den Spinat von Blattpetersilie:
200 g Blattpetersilie ohne Stiele
50 g Schalotten-Würfel
20 g Butter
50 ml Geflügelbrühe
Salz
Muskatnuss
Pfeffer aus der Mühle

Ohne Deckel lässt man nun die vorhandene Flüssigkeit einreduzieren. Der fertige Petersilien-Spinat wird nun endgültig abgeschmeckt.
Zum Anrichten den Lammrücken aus dem Heunest nehmen und in dicke Scheiben portionieren.

Petersilienpüree und Spinat werden nebeneinander angerichtet, die mit Stärke gebundene Sauce auf den Teller gegeben und darauf das Lammfleisch platziert.

Lammjus*

*Guten Appetit! wünscht Küchenmeister Peter Knobloch von der »Villa mit Sonnenhof« in Göhren

Die Knochen werden in heißem Öl kräftig angeröstet. Das Gemüse nacheinander hinzugeben und mitbraten. Nun muss unbedingt das ausgebratene Fett abgegossen werden, bevor die Tomatenstücke hinzukommen und mitgeröstet werden, bis sich am Topfboden bräunliche Röststoffe absetzen. Schrittweise wird jetzt mit Rotwein abgelöscht und wieder reduziert, bis die gewünschte Farbe erreicht ist. Nachdem die Gewürze und Kräuter zugefügt wurden, wird der Saucenansatz mit Wasser bedeckt aufgefüllt und etwa 3 Stunden auf kleiner Flamme gekocht. Dabei wird mehrmals abgeschäumt und entfettet.

> 3 kg Lammfleischknochen (klein gesägt)
> 50 ml Pflanzenöl
> 100 g Selleriewürfel
> 50 g Möhrenwürfel
> 100 g Schalotten
> 1 Knoblauchzehe, 3 l Wasser
> 3 vollreife Tomaten
> 1 Thymianzweig
> 500 ml Rotwein, Pfeffer

Je nach Dauer des Einkochvorganges wird die Farbe der Sauce dunkler und der Geschmack intensiver. Zum Schluss wird alles durch ein mit einem Tuch ausgelegtes Sieb passiert. Nach dem Erkalten kommt die Jus eine Nacht in den Kühlschrank. Sie ist nun fest geliert und man kann die Fettschicht, die sich darauf abgesetzt hat,

ganz leicht abheben. Die Jus ist nun fettfrei und man kann sie ganz nach Geschmack zu einer intensiven Glace reduzieren. Kurz vor dem Anrichten wird sie mit in Wasser angerührtem Stärkepulver leicht gebunden.

Buttermilchsuppe
mit Apfelringen und Kochwurst

Apfelringe in eine Schüssel legen und mit kaltem Wasser bedeckt ziehen lassen. Buttermilch und Sahne erhitzen, sie darf aber nicht kochen. Eier und Zucker mit einer Prise Salz schaumig schlagen, dann mit der Speisestärke vermengen. Das erhitzte Milchgemisch unter ständigem Rühren in die Schüssel zur Eimasse geben. Dann in den Topf zurückgießen und so lange weiterkochen, bis die Suppe eindickt. Jetzt die Apfelringe einschließlich der Flüssigkeit sowie die Zitronenschale hineingeben und noch etwas ziehen lassen. Die Kochwürste in einem anderen Topf erwärmen und zur Suppe servieren.

1,5 l Buttermilch
200 g Schlagsahne
2 Eier
100 g Zucker
1 Prise Salz
2 EL Speisestärke
250 g getrocknete Apfelringe
Schale von 1 Bio-Zitrone
4 Kochwürste

Als auf den Rügener Höfen früher noch selbst gebuttert wurde, fiel sozusagen als schmackhaftes Abfallprodukt die Buttermilch an. Das säuerliche Getränk enthielt zwar nicht mehr das Fett der Milch, dafür aber alle anderen leckeren und gesunden Bestandteile. Und – was heute vielen ja so wichtig ist – die Kalorien waren »rausgebuttert«. Allerdings war Buttermilch nicht lange haltbar und musste schnell verbraucht werden. Die hiesige Küche kennt deshalb viele schmackhafte Rezepte für Buttermilch. Von den süßen Breien und Plinsen bis zu deftigen Suppen.

Gebackene Milch

Die Eier in der Milch kräftig verquirlen und in ein feuerfestes Gefäß gießen. Den Ofen auf 180 Grad vorheizen und einen großen Topf mit etwas Wasser füllen. Die Eiermilch dort hineinstellen und alles für 10 Minuten in den Ofen schieben. Dann nochmals herausholen, den Zucker, Zimt nach Geschmack, das fein geriebene Brot und die Korinthen unter die Masse heben. Wieder ins Wasserbad zurückstellen und mindestens 30 Minuten im Ofen weiterbacken.

6 Eier
750 ml Milch
150 g Zucker
4 Scheiben altbackenes Schwarzbrot
gemahlener Zimt
100 g Korinthen

Knusprige Holunderblüten
in Erdbeersauce

Die Dolden vorsichtig ausschütteln und kleine Käfer oder anderes Getier entfernen. Einen Teig aus Mehl, Salz, Milch oder Bier und Eiern bereiten und mindestens 30 Minuten ruhen lassen. Das Öl in einem hohen Topf oder einer Fritteuse erhitzen. Blütendolden am Stiel anfassen, einzeln durch den Teig ziehen und etwas abtropfen lassen. Dann in dem heißen Öl goldbraun ausbacken.
Auf Küchenkrepp ablegen und mit etwas Zucker bestreuen. Die Erdbeeren putzen und die 6 schönsten aufbewahren.

12 Holunderblütendolden
250 g Mehl
1 Prise Salz
200 ml Milch (wenn die Kinder mitessen) oder Bier
3 Eier
1 l Rapsöl
1 EL Zucker
300 g Erdbeeren
50 g Puderzucker

**Die restlichen mit dem Mixstab fein pürieren und mit dem Puderzucker verrühren.
Aus der Erdbeersauce einen Spiegel auf einem großen Kuchenteller gießen und die knusprigen Holunderblüten daraufsetzen. Die aufgehobenen Erdbeeren halbieren und zum Garnieren verwenden.**

Der Schwarze Holunder, hierzulande auch als Holler oder Flieder bezeichnet, ist einer der häufigsten Straucharten Mitteleuropas. Seine Blüten und Früchte dienen nicht nur als Nahrungsmittel, sondern seit Jahrhunderten auch als Heilmittel und Farbstoff. Seine Beeren sind eigentlich Steinfrüchte und enthalten sehr viel Vitamin C und Kalium. In der Steiermark wird Holunder seit einigen Jahrzehnten erfolgreich kultiviert, ansonsten ist er eigentlich überall an Wegrändern oder auf Waldlichtungen zu finden. Holundersaft und Tees aus der Rinde und den Blütenständen gelten als probates Hausmittel gegen Erkältungen, Nieren- und Blasenleiden. Da die Fliederbeeren schwach giftig sind, sollten sie vor dem Verzehr immer abgekocht werden. Das weiß jedes Kind, das schon mal allzu viel vom Hollerbusch genascht hat und dem dann schnell ganz schlecht geworden ist ...

Hümpel-up:
Saure Klöße mit Pflaumen

Den Schweinebauch in reichlich Salzwasser zum Kochen bringen und abschäumen. Die Zwiebel schälen und daran mit den Nelken die Lorbeerblätter feststecken. Gemeinsam mit einer Zimtstange, einer halben Zitrone und den Pimentkörnern in den Topf geben und auf kleiner Flamme kochen, bis das Fleisch weich geworden ist.
Den Schweinebauch herausheben und warm halten. Dann so viel Rübensirup und Essig in die Brühe einrühren, dass sie eine angenehme Säure hat.
Jetzt die Klöße in den Sud legen und zugedeckt gar ziehen lassen. Inzwischen die Pflaumen entsteinen, in einer Kasserolle mit etwas Wasser, einer Stange Zimt, Zucker und der in Scheiben geschnittenen restlichen Zitrone schmoren lassen. Kartoffelmehl in kaltem Wasser anrühren und die Pflaumen damit binden.
Jetzt die Klöße mit der Schöpfkelle aus der Brühe heben und in eine Schüssel legen.
Die Pflaumen darüberfüllen und mit gemahlenem Zimt bestreuen. Dazu den Schweinebauch oder gekochten Aal reichen.

500 g Schweinebauch
8 Kartoffelklöße
6 Pimentkörner
2 Lorbeerblätter, 2 Nelken
1 Zwiebel, 1 Zitrone, Essig
2 Stangen Zimt, Rübensirup
600 g Pflaumen
100 g Zucker
2 EL Kartoffelstärke
gemahlener Zimt

Rhabarber-Brotauflauf

Rhabarber putzen, waschen, bei dickeren Stangen die Schale abziehen und dann in etwa einen Zentimeter dicke Stücke schneiden. Weißwein mit 3 EL Zucker aufsetzen und zum Kochen bringen. Den Rhabarber dazugeben und etwa 5 Minuten darin dünsten. Vom Feuer nehmen und etwas abkühlen lassen. Den Backofen auf 200 Grad vorheizen und eine Auflaufform mit etwas Butter ausfetten. Das Weißbrot in mundgerechte Würfel schneiden und gemeinsam mit dem Rhabarber hineinfüllen. Die Vanilleschote aufritzen und das Mark herausschaben.

600 g Rhabarber
50 ml Weißwein
50 g Zucker
6 Scheiben Weißbrot
1 Vanilleschote
4 Eier
200 ml Sahne
gemahlener Zimt
30 g Butter

Die Eier mit Sahne, dem Vanillemark, einer Messerspitze Zimtpulver und dem restlichen Zucker verquirlen. Über die Auflaufmasse gießen und einige Butterflöckchen aufsetzen. In den Ofen schieben und 25 Minuten backen, bis der Auflauf goldbraun ist. Nach Geschmack mit Puderzucker bestäuben oder eine Vanillesauce dazu reichen.

Kartoffel-Marzipan*

*Guten Appetit! wünscht Asta Westphal
aus Groß Zicker

Zucker und Kartoffeln mit **z**wenig Wasser auf kleiner Flamme kochen und im Topf um-rühren, bis die Masse geschmei-dig ist. Mandeln dazugeben und bis zum Erkalten weiterrühren. Dabei ein Ei und ein Eigelb unterheben. Hefeteig für einen Streifen vorbereiten, die Masse darauf verteilen und im auf 180 Grad vorgeheizten Ofen etwa 45 Minuten backen.

200 g mehligkochende Kartoffeln
300 g Zucker
125 g geriebene Mandeln (darunter 6 bittere oder etwas Mandelaroma)
2 Eier
Hefeteig

»**F**rüher war es bei uns üblich, dass die jungen Leute in den Herbstferien beim Bauern auf dem Feld geholfen haben. Dazu gehörte selbstverständ-lich, dass alle verpflegt wurden. Frühstück gab's auf dem Kartoffel-Acker. Zur warmen Mittagsmahlzeit wurden alle zum Haus gebracht. Und dann gab es da noch eine späte Mahlzeit auf dem Hof, auf die einige Leckermäuler immer besonders warteten. Denn dann wurden nicht nur geschmierte Stullen mit haus-geschlachteter Wurst aufgetischt, sondern auch ›Winterkuchen‹. Das sind köstliche Hefestreifen mit Marzipan aus Kartoffeln.«

Asta Westphal

Groß Zicker, Jahrgang 1951

Beschwipste Mönche

Die Eier mit der Hälfte des Zuckers, Salz und Wasser schaumig aufschlagen. Mehl und gemahlene Nüsse mischen und in den Teig einarbeiten. Eine Muffin-Form oder mehrere kleine Förmchen ausfetten und den Teig darin verteilen. Kuchenstücke etwa 25 Minuten backen, etwas abkühlen lassen und aus der Form lösen. Rotwein mit dem restlichen Zucker, Orangen- und Zitronensaft sowie Gewürzen nach Geschmack erhitzen und ein wenig einkochen lassen. Vom Feuer nehmen und den Rum zugießen. Die fertigen Küchlein damit reichlich tränken und mit einem Klecks Sahne als Dessert servieren.

2 Eier
125 g Zucker, 1 Prise Salz
50 ml Wasser
250 g Mehl
125 g gemahlene Haselnüsse
250 ml Rotwein
Saft von 1 Orange und
1 Zitrone
Gewürznelken, Zimt
30 ml Rum, Schlagsahne

Schöttelkauken*

*Guten Appetit! wünscht Doris Simanowski,
Mitinhaberin vom Hotel »Moritzdorf«

Kartoffeln und Zwiebeln reiben, anschließend Eier und Sahne, etwas Mehl, Salz und Pfeffer zugeben. Ursprünglich wurde die Masse in einer gusseisernen Form oder Schüssel (daher der Name) auf der ausgebrannten Glut im Ofenloch des Stubenofens gegart. So konnte das Essen früh vorbereitet werden und kam ohne weiteres Zutun zum Mittag auf den Tisch.

8 Kartoffeln
2 Zwiebeln
2 Eier
50 g Mehl
Salz, Pfeffer
150 g fetter Speck
50 ml Sahne
4 Äpfel
Zucker

Heute wird die Form mit dünnen Speckscheiben ausgelegt, die ein Anbrennen verhindern und mit der Masse eine herrlich knusprige Kruste bilden. Gebacken wird das Ganze bei 180 Grad im vorgeheizten Backofen. Als Beilage gibt es schnell gekochtes, wenig gerührtes, stückiges Apfelmus, das nach Geschmack gesüßt ist.

Wenn einst an langen Winterabenden die Spinnräder surrten, dann standen weder die Finger noch die Zungen der fleißigen Frauen still. Das war früher so und das ist beim Mönchguter Spinnverein noch heute so. Irgendwann kam auch die Rede auf Schöttelkauken – »Schüsselkuchen«. Dass der schmeckt, daran konnten sich einige noch sehnsüchtig aus der Kindheit erinnern. Aber wie man ihn zubereitet? Keiner wusste es, denn die Großmütter hatten es nie aufgeschrieben.

Asta Westphal ließ es keine Ruhe. Überall fragte sie herum, bis sie in Moritzdorf bei Doris Simanowski fündig wurde. Im Hotel »Moritzdorf« steht Schöttelkauken noch heute auf der Speisekarte. Eigentlich war es ein Arme-Leute-Essen – einfach, aber nahrhaft.

Und dank des alten Rezeptes konnte Asta Westphal mit dem gesamten Spinnverein das fast vergessene Gericht nachkochen. Da waren die Frauen – wenn auch nur für kurze Zeit – sprachlos. Denn es schmeckte so herrlich wie früher in fernen Kindertagen.

Schnorrerkauken*
von Oma Liesbeth

*Guten Appetit! wünscht Doris Simanowski,
Mitinhaberin vom Hotel »Moritzdorf«

Das alte Schwarzbrot wird gerieben und anschließend mit Butter in der Pfanne angebraten. Das Apfelmus, die klein gewürfelten Äpfel und die Trockenfrüchte dazugeben und immer wieder wenden, rühren und in kleinere Stücke brechen. Mit Zucker bestreuen und diesen karamellisieren lassen.

8 Scheiben altbackenes
Schwarzbrot
3 säuerliche Äpfel
(z. B. Boskop)
200 g Apfelmus
1 EL Rosinen
2 EL Backpflaumen
2 EL Backbirnen
4 EL Zucker
50 g Butter

Die Kunst besteht darin, dass die Stücke nicht zu klein und damit zu trocken geraten und auch nicht zu groß und damit zu wenig Kruste bekommen. Schnorrer Kauken oder Bettlerkuchen war natürlich ein Lieblingsgericht der Kinder.

Eingelegte Backpflaumen

Zucker in einem Topf langsam schmelzen, dabei ständig mit einem Holzlöffel rühren. Rotwein, Gewürze und die in Scheiben geschnittenen Zitrusfrüchte hineingeben, dann die Backpflaumen unterrühren. Alles zusammen einmal aufkochen. Den Topf vom Feuer nehmen und eine halbe Stunde abkühlen lassen.

Dann die beiden Schnäpse hineingießen. Alles in gut schließende Gläser füllen und dunkel und kühl aufbewahren.

Die eingelegten Backpflaumen schmecken als Kompott oder als Beilage zu Desserts.

500 g Backpflaumen ohne Kerne
250 g Zucker
1/2 l Rotwein
30 ml Weinbrand
30 ml Rügener Pflaumenbrand
1/2 Orange
1/2 Zitrone
2 Zimtstangen
2 Nelken

Rügener Sturmbowle

Wenn die Winterstürme über die Insel tobten, rückten die Rüganer in ihren Stuben zusammen und brauten sich etwas, was Seele und Körper wärmt. Dazu benötigte man den 42-prozentigen Rum, der als Getränk für starke Männer galt.

Die Piraten brachten den Zuckerrohrschnaps einst aus Westindien nach Europa. Der Name soll sich vom englischen »rumbullion« ableiten, was man mit Krach machen oder Tumult übersetzen kann.

Die Sturmbowle jedenfalls galt als vorbeugendes Mittel gegen Husten, Schnupfen und weitere Schlechtwetterkrankheiten.

Den starken Tee – am besten aus Ostfriesen-Mischung gebrüht – mit Rum und kräftigem Rotwein zum Kochen aufsetzen. Mit Zitronensaft und Zucker nach Geschmack verrühren und bis zum Siedepunkt bringen. Kochend heiß in feuerfeste Gläser füllen.

1/2 l Schwarzer Tee
1/8 l brauner Rum
1/4 l Rotwein
Saft einer Zitrone
Zucker

Sturm!

Apfelpunsch
à la Teutenberg*

*Guten Appetit! wünscht Doris Teutenberg,
Inhaberin vom »Naturparadies Teutenberg« in Alt Reddevitz

Die Rosinen und die klein geschnippelten Äpfel in Rum einlegen und einige Tage stehen lassen, bis der Apfel mürbe ist. Dann alles zusammen mit Saft und Wein im Wasserbad erhitzen – nicht kochen! – und mit einigen Körnchen Salz und Zucker je nach Säuregehalt der Äpfel und Geschmack süßen.

2,5 l Bio-Apfelsaft
1,5 l Bio-Apfelwein
400 g süß-säuerliche Äpfel
200 g Rosinen
200 ml Rum
je 1 Prise Salz und Zucker

Es war wohl die Liebe zum Wasser, die den Zuckerfabrikanten Felix Alander aus Schlesien zum ersten Mal aufs Mönchgut geführt hat.
Kurz nach 1900 muss es gewesen sein, als er in Alt Reddevitz den Dorfschullehrer Fritz Worm kennenlernte. Ob er sich zuerst in den Landstrich oder Worms Tochter Marie verliebte, ist nicht überliefert.
Sicher aber ist, dass er blieb. Er kaufte drei Hektar Acker auf der Landzunge Reddevitzer Höft und pflanzte dort fast 800 Obstbäume. Weiße Kläräpfel und rotbackige Herbstäpfel, Kirschen, Pflaumen und Birnen.
Und auf dem Höhenrücken mit der herrlichen Fernsicht baute er ihr Haus. Unten für die Familie mit den drei Töchtern und im Obergeschoß die Sommerfrischler-Pension »Villa Alander«.
Heute führt seine Enkelin Doris Teutenberg den alten Obstgarten als bio-zertifiziertes »Naturparadies Teutenberg«. Neben naturtrübem Bio-Apfelsaft gibt es hier Apfelwein und -weinbrand sowie kleine, hübsche Gästezimmer mit dem unvergleichlichen Blick über drei Bodden.

Ostküste

Die heute größten Seebäder Rügens begannen ihre Geschichte einst als winzige Fischerdörfer. Sellin wurde erstmals 1295 und Binz 1318 in alten Urkunden erwähnt. Beide Dörfer waren im Besitz der Herrschaft zu Putbus und hauptsächlich von Leibeigenen besiedelt. Bittere Armut blieb lange Zeit ein Begleiter der Menschen, die ihren Lebensunterhalt durchs Meer bestritten.

Erst zu Beginn des 19. Jahrhunderts bahnten sich Änderungen an. Ab 1810 ließ Fürst Wilhelm Malte I. die Dörfer zum Zwecke der Fischerei vergrößern. Durch den romantischen Zeitgeist geprägte Maler und Dichter besuchten die Insel Rügen. Sie priesen ihre Vorzüge und Natur, so dass das Eiland erstmals über seine Grenzen hinaus als lohnendes Ziel für eine Reise

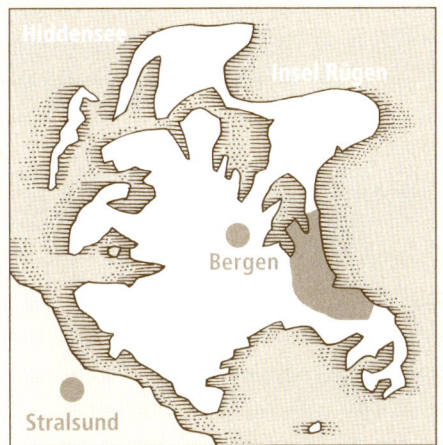

wahrgenommen wurde. Erholungsaufenthalte für begüterte Städter auf dem Lande kamen in Mode – die sogenannte Sommerfrische war geboren. Das erste Bad der Insel entstand zwar in Lauterbach, aber der Geschmack der Reisenden änderte sich.

Es waren wohl die Fischersfrauen, die um die Mitte des 19. Jahrhunderts als

Erste die Zeichen der Zeit erkannten. Sie boten jungen Damen der besseren Gesellschaft, die zum Malen auf die Insel kamen, Logis in ihrer eigenen guten Stube an und bekochten sie auch. Damit kam langsam Geld in die Dörfer. 1870 zählte Binz immerhin schon 80 Badegäste. Obwohl diese in den ersten Jahren noch gar nicht badeten, denn das war als äußerst unschicklich verpönt. Sie blieben üblicherweise bis zu sechs Wochen, war die An- und Abreise doch noch entsprechend langwierig und mühsam. Man reiste meist in Postkutschen und musste auf Fähren zur Insel übersetzen. Oder die Gäste kamen über Stettin und Greifswald per Schiff. 1885 richtete die Stettiner Reederei J.F. Braeunlich einen regelmäßigen Linienverkehr auf der Strecke Stettin-Sassnitz mit Halt in Binz ein.

Allerdings mussten die Passagiere noch auf Reede ausgebootet werden. Ortsansässige Fischer brachten mit ihren Segelbooten die heimreisenden Gäste zum Dampfer und übernahmen die Ankommenden nebst Gepäck.

Da das sehr mühevoll war, begannen 1902 in Binz die Arbeiten zu einer rund 600 m langen Bootsanlegestelle, an der nun die Stettiner Dampfer festmachen konnten. Und am 2. August 1906 wurde am Selliner Nordstrand die erste, 508,50 m lange Landungsbrücke eingeweiht. Zu dieser Zeit entstanden auch die prachtvollen Hotels und Villen in verspielter Bäderarchitektur, die noch heute den Reiz der Badeorte ausmachen. Die Zeit der Beköstigung der Gäste im Hause der einfachen Fischer war endgültig vorbei. Der frische einheimische Fisch

aber dürfte auch auf den Speisezetteln der neuen Hotels gestanden haben.

Mehr und mehr Sommerfrischler eroberten die Seebäder an der Ostküste Rügens und entdeckten bald auch das Meer als Quell der Erholung.
Um 1900 etablierten sich die ersten Damen- und Herrenbäder am Strand – streng getrennt natürlich.
Das später eingerichtete Familienbad

durften alleinstehende Damen und Herren ausdrücklich nicht betreten. Laut amtlicher Bestimmung heißt es 1909 beispielsweise: »Das Baden ist nur in geschlossenen aus undurchsichtigem Stoff hergestellten Badeanzügen gestattet … Das Mitbringen von Ferngläsern und photographischen Apparaten ist untersagt.«

Erst zu Beginn der 1930er-Jahre setzte sich das allgemeine Freibaden durch, das die Badeanstalten überflüssig machte. Vorher bewegten sich die Damen durchaus auch am Strand mit langen Kleidern und Hüten. Übrigens wurde nur am Vormittag gebadet, schließlich wollte man sich die vornehme Blässe nicht ruinieren! Ab Mittag wurde auf den Zimmern geruht und danach begab man sich zu Ausflügen in die Umgebung.

Endlich durften die eleganten Abend-kleider und der neueste Schmuck zur Schau getragen werden. Die Damen, mit riesigen Hüten angetan, und die Herren im Smoking – so verlebte man den Abend bei Musik und Tanz im Kurhaus.

Das bürgerliche Badepublikum wurde nach den Goldenen 20ern zuneh-mend vom aufkommenden Massen-tourismus abgelöst. Seinen Höhe-punkt hätte diese Tendenz beinahe mit dem Bau des für 20 000 Urlauber geplanten »Kraft durch Freude«-Seebades am Strand der Prorer Wiek gefunden. Der Kriegsbeginn verhin-derte 1939 jedoch die Fertigstellung des gigantischen Bauvorhabens. Noch heute zanken sich die Investo-ren, was aus den Hinterlassenschaften in Prora werden könnte.

Nach dem Krieg kamen in den Hotels und Pensionen zunächst Flüchtlinge und Umsiedler unter. Privates Eigen-tum aber war der DDR-Führung ein Dorn im Auge: 1953 wurden im Rah-men der »Aktion Rose« viele Hoteliers kurzerhand enteignet und vertrieben. Ferienheime des FDGB entstanden als organisierte Form des Urlaubs für die Werktätigen des Landes. Erst nach der Wende wurden die enteigneten Häuser an die früheren Besitzer rückübertragen.

Die Anziehung der Ostseebäder auf die urlaubshungrigen Touristen ist auch nach der Wiedervereinigung ungebrochen. Und die Vielfalt an kulinarischen Genüssen zwischen Fischbrötchenstand und edlem Sterne-Restaurant dürfte noch nie so groß gewesen sein …

Gefüllter Rippenbraten

Den Rippenbraten innen und außen salzen und pfeffern. Die Backpflaumen, die klein gewürfelten Äpfel, das geriebene Brot, 1/4 Tasse Brühe, Majoran, Zucker und Zimt mischen und in die Tasche des Rippenbratens füllen. Entweder mit Holz-Zahnstochern zustecken oder zunähen. Im Bräter rundum anbraten, mit etwas Brühe ablöschen, die Zwiebel geviertelt dazugeben und bei 200 Grad 90 bis 120 Minuten in die Backröhre schieben. Ab und zu mit dem Bratfond übergießen. Zum Ende der Zeit den Braten mit dem Honig einstreichen und noch mal für 15 Minuten überkrusten lassen. Den Bratensatz mit etwas Wasser lösen, aufkochen, mit der kalt angerühr-

1 kg Schweinerippe im Stück
200 g eingeweichte Back-
pflaumen, 2 säuerliche Äpfel
80 g geriebenes Schwarzbrot
1 Zwiebel, 1/2 l Brühe
50 g Margarine oder Öl
50 g Stärke
50 g flüssiger Honig
1 TL Zucker, 2 Msp. Zimt
1/2 TL Majoran, Salz, Pfeffer

ten Stärke andicken und mit Salz und Pfeffer abschmecken. Den Rippenbraten aufschneiden, die Sauce darübergießen und mit Rotkohl und Salzkartoffeln oder Kartoffelklößen auf den Tisch bringen.

Solange sie denken konnte, haben sie Urlaub in Binz gemacht. Mit ihrer Mutter fuhr Herta Ursula Grebenstein immer für sechs Wochen in die »Villa Lissek«. Die hatte ihre Urgroßmutter Meta Dittrich 1910 bauen lassen. Für die kleine Herta war es das Paradies. Zum Frühstück servierte das schwedische Zimmermädchen köstliche kleine Honigbrötchen, selbst gemachte Marmelade und Kakao aus geriebener Milchschokolade.
Jeder Strandkorb war von einer eigenen Burg umgeben, die täglich neu aufgeschippt wurde. Bekrönt von eigens gesammelten Muscheln, bunten Fähnchen und selbst gebackenen Sandkuchen. Gegen 11 Uhr verließen alle den Strand, rieten die Ärzte doch, die heiße August-Sonne zu meiden. Tante Annas Küche war berühmt. Und so war draußen ein großes Schild angebracht »Villa Lissek voll besetzt« – und das vom 1. Mai bis zum 1. November.

»Kindheitserinnerungen«
von Herta Ursula Grebenstein

Jahrgang 1916, aus Trier

Kohl-Kaninchen-Topf

Kaninchenteile trocken tupfen. Fenchel putzen und in feine Streifen schneiden, Zwiebeln und Knoblauch abziehen und würfeln. In einem großen Bräter das Öl erhitzen und die Keulen darin von allen Seiten knusprig anbraten. Zwiebeln, Knoblauch und Fenchel dazugeben und kurz mitrösten. So viel Brühe zugießen, dass die Keulen fast bedeckt sind. Deckel aufsetzen und 30 Minuten schmoren lassen.

Inzwischen den Weißkohl putzen, vierteln, vom Strunk befreien und in feine Streifen schneiden oder hobeln.

4 Kaninchenkeulen
1 kleiner Weißkohl
1 Fenchelknolle
2 Zwiebeln
2 Knoblauchzehen
4 EL Öl
75 ml Wermut
1 l Gemüsebrühe
Salz, Pfeffer
1/2 Bd. Schnittlauch

Zu den Kaninchenkeulen in den Bräter geben und die restliche Brühe zugießen. Weitere 30 Minuten langsam garen. Die Keulen schließlich herausheben, das Kaninchenfleisch von den Knochen lösen und grob würfeln. Nochmals im Eintopf erwärmen und dann alles auf einer großen Platte anrichten. Mit Schnittlauch bestreuen.

Mecklenburger Specknüsschen
mit Kümmelsauce*

*Guten Appetit! wünscht Detlef Nützmann,
Küchenchef im Hotel »Bernstein« in Sellin

Schweinefilet von Sehnen befreien und in Medaillons von etwa 50 g Gewicht schneiden. Pro Portion rechnet man 3 Stück. Bauchspeck in möglichst dünne Scheiben schneiden und die Medaillons damit umhüllen. Die Speckscheiben mit Stäbchen oder mit Rosmarinzweigen fixieren. Butterschmalz in einer Pfanne erhitzen, die Medaillons darin von beiden Seiten kurz anbraten. Mit Salz und Pfeffer würzen, Thymian und Knoblauch hinzugeben und im Backofen bei 180 Grad Heißluft etwa 15 Minuten garen. Für die Kümmelsauce die Schalotten putzen, waschen, in Würfel schneiden und in Butterschmalz leicht andünsten. Tomatenmark hinzufügen und

**600 g Schweinefilet ohne Kopf
400 g Bauchspeck
50 g Butterschmalz, Salz
Pfeffer, 2 Zweige Thymian
1/4 Knolle Knoblauch**
Für die Kümmelsauce:
**400 ml Kalbsfond, 3 Schalotten, 2 EL Tomatenmark
Butterschmalz
4 cl Noilly Prat, 5 g Kümmel**

etwas anrösten, dann den Kümmel darüberstreuen. Mit Noilly Prat ablöschen und reduzieren. Kalbsfond zum Ansatz gießen und mit Kartoffelstärke leicht binden. Dazu Schmorkohl und Petersilien- oder Bratkartoffeln reichen.

»Die Verpflegung in den Hotels, Restaurants und Privat-Pensionen ist preiswert und kurgemäß. Der Badegast kann in den ersten Hotels dem verwöhntesten Gaumen fröhnen, kann durch kleine Diners seinen Appetit befriedigen oder findet reichlich Gelegenheit eigene Küche zu führen. Table d'hôte: 1,75 bis 3,00 Mark, im Abonnement billiger. Kleine Diners: 1,50 Mark …
Alle Lebensmittel sind im Orte käuflich, darum kann auch bequem eigener Haushalt geführt werden, wozu die vielen Wohnungen mit Küche, durchweg an die Wasserleitung und Kanalisation angeschlossen, treffliche Gelegenheit bieten und wodurch sich der Aufenthalt entsprechend billiger stellt. Fast alle Wirtsleute verabfolgen Milch, Kakao, Tee, Kaffee, Bier, Aufschnitt, viele auch vollständiges Abendbrot, so dass die in Logier-häusern wohnenden Gäste, welche Table d'hôte speisen, oder sich das Mittagessen in Menagen aus dem Restaurant holen lassen, nicht gezwungen sind, außerhalb der Wohnung zu soupieren.«

Auszug aus dem Bäderkatalog der Gemeinde Binz
aus dem Jahr 1909

Kartoffelsuppe
nach Großmutters Art*

*Guten Appetit! wünscht Matthias Schubert,
Souschef der »Binz Therme«

Die Kartoffeln schälen, würfeln und gut waschen.
Dann die Möhren und die Zwiebel ebenfalls schälen, würfeln und alles zusammen in einen Topf geben.
Mit der heißen Kalbsbrühe übergießen und zum Kochen bringen, dabei den Knoblauch dazupressen. Mit etwas Salz würzen und den Majoran einstreuen.
Das Gemüse 10 bis 15 Minuten garen. In einem anderen – mindestens gleich großen – Topf wird eine klassische Mehlschwitze aus 60 g Butter und 60 g Mehl zubereitet, die mittelbraun sein sollte. Nun wird kellenweise die Kartoffelsuppe zugegeben und dabei so lange umgerührt, bis sich alles gut verbunden hat und ein dicklicher

750 g Kartoffeln
2 Möhren, 1 Zwiebel
1,25 l Kalbsbrühe
gekerbelter Majoran
2 Knoblauchzehen
60 g Mehl, 60 g Butter
4 Bockwurst oder
300 g Kasseler
Salz, Pfeffer, Muskat
Butter nach Bedarf

Eintopf entsteht. Weitere 10 Minuten auf kleiner Flamme einköcheln lassen.
Kurz vor Garende die klein geschnittenen Würstchen beziehungsweise das Kasseler hinzugeben.
Am Ende die Suppe mit Salz, Pfeffer, Muskat und bei Bedarf noch mit einem Stückchen Butter vollenden.

1994 begann er mit schwerem Gerät zu bohren, nur ein paar Meter vom Binzer Strand entfernt: Wolfgang Möser wollte Wasser finden – und er wurde fündig.
In mehr als 1000 Metern Tiefe stieß er unter einer dicken Kreideschicht auf eine Mineralsole, 220 Millionen Jahre alt. Er ließ sie analysieren, bekam den Status »Heilwasser« attestiert und baute darüber das Hotel »Binz-Therme«. Auf insgesamt vier Quellen steht das Haus nun, und das kostbare Nass ist allgegenwärtig. Ob als fluoridhaltiges Trinkwasser, zum Schwimmen im Thermalbad oder beim Entspannen im Sole-Schwebebecken. Daher darf Mösers Haus sich auch als bisher einziges Hotel an der deutschen Ostseeküste »Thermalhotel« nennen.

Sehr gut passen aus Weißbrot geröstete Croûtons zu der Suppe. Auch kann sie am Ende noch mit etwas klein gehackter Petersilie veredelt werden.

Sauerkohl-Dorsch-Auflauf*

*Guten Appetit! wünscht Matthias Schubert,
Souschef der »Binz-Therme«

Den Speck würfeln und auslassen, die klein gehackte Zwiebel darin glasig schwitzen, den Sauerkohl dazugeben und mit Wacholderbeeren und Kümmel dünsten.
Die Dorschfilets in Streifen schneiden und in gut gewürztem Fischfond blanchieren. Anschließend in eine gefettete feuerfeste Form schichtweise das Sauerkraut und die Dorschfilet-Streifen einfüllen. Die Apfelstücke dazwischengeben. Die oberste Schicht bildet das aufgespritzte Kartoffelpüree. Zu guter Letzt werden noch Butterflöckchen und Semmelbrösel über den Auflauf verteilt. Im Grill noch 10 Minuten knusperig überbacken.

600 g Sauerkohl, 1 Zwiebel
600 g Dorschfilet
50 g Butter
600 g Kartoffelpüree
100 g magerer Speck
10 Apfelstücke
400 ml Fischfond
50 g Semmelmehl
Salz, Pfeffer
Wacholderbeeren, Kümmel

Das Beste vom Kalb
auf Calvados-Rahm
mit Spargel und Kartoffeln[*]

*Guten Appetit! wünscht Harald Schewe von der »Villa Salve«
mit dem Hauptgang aus dem Kanzler-Menü von 1993

Das Kalbsfilet in heißem Butterschmalz kurz von jeder Seite anbraten. Sofort aus der Pfanne nehmen und im Ofen bei 150 Grad Umluft etwa 20 Minuten garen. In der Zwischenzeit wird die Sauce bereitet. Dafür Olivenöl in einem kleinen Topf erhitzen, fein gewürfelte Schalotte hinzugeben, glasig anschwitzen und mit Calvados ablöschen, dann Kalbsjus und Sahne hinzugeben und 5–10 Minuten reduzieren lassen. Nachdem das Kalbsfilet fertig gegart ist, das Fleisch aus dem Ofen nehmen und 5 Minuten ruhen lassen. Dann wird das Filet aufgeschnitten und auf Tellern angerichtet.
Die Sauce kurz erhitzen, etwas Butter hinzugeben und mit

750 g Kalbsfilet
150 ml Kalbsjus
1 kg Spargel
40 ml Sahne
6 cl Calvados
1 Schalotte
200 g Butter
15 g Butterschmalz
16 mittelgroße neue Kartoffeln
2 EL Olivenöl, Salz, Pfeffer

dem Rührstab aufschlagen und anrichten. Komplettiert wird der Teller mit 250 g Spargel pro Person, der mit zerlassener Butter beträufelt wird, und neuen Kartoffeln.

»**1993** wurde die ›Villa Salve‹ ausgesucht, um ein Essen für Helmut Kohl und seinen spanischen Staatsgast Felipe González auszurichten. Zuerst musste ich Menüvorschläge ans Kanzleramt schicken. Ich habe noch nie so viele Menüs geschrieben. Am Ende hat Helmut Kohl selbst die Essenfolge festgelegt. Das war ein halbes Jahr vor dem Besuch. Aber eine halbe Stunde vor dem Eintreffen der Gäste bekamen wir von unterwegs aus dem Hubschrauber plötzlich einen Anruf, dass wir zusätzlich einen Gang mit Käsehäppchen einschieben sollten. Wir sprangen voller Panik in drei Autos, um in drei Läden die Käsevorräte zu plündern! Und dann der Eklat mit den Sitzplätzen! Alles war wie abgesprochen vor den großen Fenstern zur Promenade eingedeckt. Helmut Kohl begrüßte uns und war guter Laune, bis er die Menschenmenge draußen vor den Fenstern sah: ›Wir sitzen doch nicht wie die Affen im Glaskasten! Ich gehe jetzt mit Herrn González zur Toilette und wenn wir in fünf Minuten zurück sind, ist dort drüben eingedeckt!‹ So schnell haben wir im ganzen Leben noch keinen Tisch gedeckt! Zum Glück hat es ihnen dann aber geschmeckt.«

Ziegenkäse-Turm

Rote Bete, Gurke und abgezogene Zwiebeln in dünne
Scheiben schneiden. Ziegenkäse
in einen halben Zentimeter dicke
Scheiben zerteilen.
Für das Dressing Essig mit Senfpulver, Zucker, Salz, Pfeffer und
den Kräutern verrühren und zum
Schluss das Öl unterschlagen.
Auf Salattellern kleine Türme
aufschichten, die abwechselnd
aus Rote Bete-, Gurken-, Käse-
und Zwiebelscheiben bestehen.
Eventuell mit einem hölzernen
Zahnstocher fixieren. Zuletzt mit
dem Dressing beträufeln und
mit Kräuterblättchen garnieren.

4 eingelegte Rote Bete
1/2 Salatgurke
1 rote Zwiebel
300 g Ziegenkäse
3 EL Weißwein-Essig
1 Msp. Senfpulver
Salz, Pfeffer
je 1 EL gehackte Petersilie
und Basilikum
3 EL Olivenöl

Gebratene Wachtelbrust mit Scampi

und Couscous an Wildkräutersalat*

*Guten Appetit! wünscht Küchenchef Roland Ehrich aus dem »Cliff Hotel Binz«

Das Couscous mit kochendem Wasser überbrühen und quellen lassen. Zwiebeln, Paprika und Zucchini fein würfeln und in heißem Öl anbraten. Mit Salz und Pfeffer würzen und zum Couscous hinzufügen. Mit Ingwerkonfitüre und scharfer Sauce abschmecken. Die Scampi in heißem Olivenöl von beiden Seiten scharf anbraten, Thymian hinzugeben und mit Weißwein ablöschen. Salzen und pfeffern. Die Wachtelbrüste ebenfalls mit Salz und Pfeffer würzen und in einer Pfanne in heißem Butterschmalz auf der Hautseite anbraten. Dann auf die Fleischseite drehen, mit Rosmarin belegen und im Backofen bei 160 Grad 10 Minuten garen. Das Couscous auf dem Teller in

einen kleinen Ring drücken und mit den Wildkräutern umlegen. Die Wachtelbrust und Scampi oben auf den Couscous-Sockel setzen. Zum Schluss den Salat mit etwas Dressing marinieren.

4 Wachtelbrüste »Supreme«
1 TL Butterschmalz
1 TL Olivenöl
1 EL Weißwein
Rosmarin
Thymian
4 große Scampi
Wildkräutersalat
Salat-Dressing

»**W**enn auf Rügen Winterschlaf herrscht, fangen wir im Freundeskreis an zu kochen. Unser ›perfektes Dinner‹ ist richtig Tradition: Wir sind vier Paare und kochen einmal im Monat reihum. Neben dem köstlichen Essen und passenden Getränken haben wir natürlich auch immer sehr viel Spaß. Klar, dass trotzdem jedes Team als Gastgeber die anderen übertreffen möchte. Wir feilen also lange am Menü und gestalten thematisch passende Speisekarten. Dieser Ehrgeiz hat auch einen Grund. Wir vergeben gegenseitig Bewertungspunkte und das Gewinner-Paar bekommt einen gemeinsam gestifteten Preis. Beim letzten Mal war das ein Kochkurs im Landwerthof Stahlbrode.«

Peter Schwarz Hoteldirektor »Cliff Hotel Sellin«

Für das Couscous:
150 g Couscous
200 ml kochendes Wasser
30 g Zwiebelwürfel
50 g Paprika
50 g Zucchini
1 TL Ingwerkonfitüre
2 TL scharfe süß-saure Sauce (aus dem Asia-Shop), Salz weißer Pfeffer aus der Mühle

Rehrücken
mit Butternusskürbis und Maronen-Gnocchi*

*Guten Appetit! wünschen Küchenchef Ralf Haug und Souschef Pierre Nippkow aus der »niXe« in Binz

Den Rehrücken vom Knochen lösen und von Sehnen befreien. Das Fleisch in Öl anbraten, Rosmarin, Knoblauchzehe und Thymian dazugeben und im Ofen bei 120 Grad langsam garen (1,5 bis 2 Stunden). Braten herausnehmen und im ausgeschalteten Ofen noch etwas ruhen lassen. Inzwischen für die Sauce den Bratenansatz aufkochen, mit etwas Stärke binden und mit Preiselbeeren abschmecken.
Den Kürbis schälen, in 3 Millimeter dünne Scheiben und danach in gleich große Würfel schneiden. Die Kürbisschalen in Salzwasser weich kochen. Schalotten würfeln und in Öl anschwitzen, dann die Kürbiswürfel dazugeben.

1 Rehrücken
1 Knoblauchzehe
je 1 Zweig Rosmarin und Thymian
1 Butternusskürbis
2 Schalotten
2 EL Aprikosenkonfitüre
Sushi-Essig
Koriander, Zimt, Anis

Mit Sushi-Essig ablöschen und Aprikosenkonfitüre einrühren. Das Kürbisragout mit gemahlenem Koriander, Zimt und Anis abschmecken und schmoren, bis das Gemüse gar ist. Die weich gekochten Kürbisabschnitte mit Butter zu einer Creme mixen.

Ralf Haug kam 2008 von Usedom herüber und eröffnete in Binz sein Restaurant »niXe«. Hier kann der gebürtige Schwabe nun seine Kreativität leben – Kochkunst auf höchstem Niveau und die Freude am Schönen. Was nicht unbedingt immer das wirtschaftlich Naheliegendste sein muss. Mit einer gewissen souveränen Bescheidenheit lebt er seine Prinzipien, wie die des ständigen Lernens: Jedes Jahr zwackt er sich ein Stück Urlaub ab für ein Praktikum bei berühmten Kollegen in den bedeutendsten Küchen der Welt. Zeitgemäß kochen heißt für Ralf Haug: abwechslungsreich mit wenigen Grundprodukten in Top-Qualität. Und das Konzept scheint aufzugehen, holte er 2009 doch den ersten Michelin-Stern nach Rügen in die »niXe«.

Für die Gnocchi die Kartoffeln in Alufolie einpacken und im Ofen bei 170 Grad etwa 30 Minuten garen. Die Kartoffeln auspacken und mit den Maronen durch eine Presse drücken. Die Masse vorsichtig mit Grieß, Eigelb und Gewürzen vermengen.

Mit Hilfe von Mehl daraus eine Rolle formen und diese in kleine Stückchen teilen. Dann portionsweise leicht mit einer Gabel eindrücken und in schwach köchelndes Salzwasser geben. Sobald die Gnocchi oben schwimmen, aus dem Wasser heben und auf einem geölten Blech abkühlen lassen.

Zum Anrichten die Maronen-Gnocchi in goldbrauner Semmelbutter heiß schwenken und auf dem Teller im Kreis auslegen.

Für die Gnocchi:
150 g Maronen
(geschält & gegart)
300 g mehligkochende
Kartoffeln
Hartweizengrieß
Mehl, Eigelb, Butter, Stärke
Salz, Muskat

Das Kürbisragout in die Mitte füllen und mit der ausgezogenen Creme dekorieren.
Den Rehrücken aufschneiden, auf das Ragout legen und dazu die Sauce reichen.

Falscher Apfelkuchen*

*Guten Appetit! wünschen Küchenchef Ralf Haug und
Souschef Pierre Nippkow aus der »niXe« in Binz

Für den Bisquitteig die Eier mit Zucker schaumig schlagen, mit Stärke und Mehl vermengen, in eine gefettete Springform füllen und bei 160 Grad backen. Für die Streusel das Mehl mit weicher Butter, Zucker und gemahlenem Zimt nach Geschmack verkneten. Auf ein kleines, mit Backpapier ausgelegtes Blech streuseln und bei 170 Grad goldbraun backen. Milch, Zucker und Sahne mit der ausgekratzten Vanilleschote aufkochen und kurz ziehen lassen. Dann durch ein Sieb streichen und zügig unter ständigem Rühren mit dem Eigelb vermischen. Zu Eis gefrieren. Die Äpfel schälen, entkernen,

Für den Bisquit:
4 Eier, 100 g Zucker
50 g Mehl
50 g feines Stärkemehl
Abrieb einer Zitrone
Für das Vanilleeis:
250 ml Milch
250 ml Sahne, 100 g Zucker
6 Eigelb
2 Vanilleschoten

Für die Streusel:
50 g Zucker
80 g Mehl
50 g Butter
Zimt
Für das Apfelkompott:
3 Äpfel
200 ml Apfelsaft
Zucker, Stärke

in Stückchen schneiden und mit dem Apfelsaft erwärmen. Nach Geschmack süßen und so lange dünsten, bis die Äpfel gar sind. Kompott mit etwas Speisestärke binden.

Zum Anrichten runde Formen aus dem Bisquit ausstechen und in die Mitte des Tellers setzen. Das Apfelkompott daneben platzieren. Vanilleeis auf den Bisquit geben und mit den Streuseln belegen.

Radieschen-Carpaccio

Radieschen waschen und putzen. Champignons mit einem leicht angefeuchteten Küchenkrepp abreiben.
Beides in dünne, gleichmäßige Scheiben hobeln. Auf einem Teller oder einer flachen Platte anrichten und mit Salz und Pfeffer bestreuen. Die Hälfte der Kresse abschneiden und auf dem Gemüse verteilen.

1 Bd. Radieschen
250 g Champignons
Salz, Pfeffer
Zucker
2 Kästchen Kresse
200 ml saure Sahne
2 TL Zitronensaft

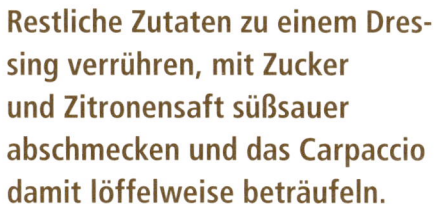

Restliche Zutaten zu einem Dressing verrühren, mit Zucker und Zitronensaft süßsauer abschmecken und das Carpaccio damit löffelweise beträufeln.

Granitzer Wildschweinrücken
unter der Rosmarin-Pfefferkruste

auf Putbuser Maronenstampf mit Rügener Mairübchen und feiner Gewürzjus*

*Guten Appetit! wünscht Küchenchef Marcus Kümmel von der Seebrücke Sellin

Toastbrot durch ein Sieb reiben. Die Brösel mit weicher Butter vermengen. Mit Pfeffer und klein gehacktem Rosmarin würzen und kalt stellen. Den Wildschweinrücken auslösen und in 4 Stücke schneiden. Mit Salz und Pfeffer bestreuen und in etwas Öl anbraten. Dann die Krusten-Masse aufstreichen und im Ofen bei kräftiger Oberhitze goldgelb backen. Inzwischen die Maronen mit Sahne und etwas Salz in einen Topf geben und 30 Minuten leise köcheln lassen. Anschließend zu Püree stampfen. Die Mairübchen schälen und in Ecken schneiden, in siedendem Salzwasser blanchieren und in Eiswasser abschrecken.

1,2 kg Wildschweinrücken mit Knochen, 70 g Toastbrot
70 g Butter
4 Zweige Rosmarin
Salz, Pfeffer
700 g Maronen (geschält und gedämpft)
200 ml Sahne, 30 g Butter
600 g Mairübchen
1/2 Zitrone, Zucker

Mit der Butter, Salz, Zucker und einem Spritzer Zitronensaft in einer Pfanne glasieren. Um die Gewürzjus zu bereiten, schneidet man das geputzte Gemüse in walnussgroße Stücke und gibt es zu den in etwas Öl angerösteten Knochen, wo es kräftig angeschwitzt wird. Mehrmals mit Wein ablöschen.

Für die Jus:
400 g Knochen
225 g Röstgemüse
1 l dunkle Brühe
300 ml Rotwein, Öl
5 g Koriandersaat, 1 g Piment
1 g Wacholder
1 g schwarzer Pfeffer
1 Lorbeerblatt
Abrieb von 1 Limette, 1 Nelke

Mit der Brühe auffüllen und einkochen lassen. Abschließend durch ein Passiertuch seihen, die Gewürze dazugeben und 5 bis 10 Minuten ziehen lassen.

Sanddorn-Pfeffer-Süppchen*

*Guten Appetit! wünscht Küchenchef Malte Behrmann
vom Kurhaus Binz

Die Schalotten abziehen, würfeln und in 2 EL Olivenöl anschwitzen. Mit dem Geflügelfond ablöschen. Das Sanddorn-Apfel-Gelee darin auflösen, alternativ kann man auch je 110 g Sanddorn-Marmelade und Apfelgelee verwenden.
Alles einmal aufkochen lassen und etwas reduzieren, dann mit Sahne und Crème fraîche verfeinern. Den grünen Pfeffer dazugeben und nochmals aufwallen lassen. Die Suppe mit Salz, Zucker und Zitronensaft abschmecken. Eventuell etwas geschlagene Sahne unterheben. Die Jakobsmuscheln vorsichtig waagerecht auf je einen Zitronengras-Stängel stecken.
Das restliche Öl in einer Pfanne erhitzen, die Muschelspießchen

4 Schalotten, 3 EL Olivenöl
800 ml Geflügelfond
220 g Sanddorn-Apfel-Gelee
200 ml Sahne
200 g Crème fraîche
1 TL grüner Pfeffer aus dem Glas, Salz, Zucker
2 EL Zitronensaft
4 Jakobsmuscheln, Butter
4 Stängel Zitronengras

darin von allen Seiten glasig braten und als Einlage in die fertige Suppe legen.
Dekorieren kann man das Süppchen mit essbaren Stiefmütterchen und frischer oder frittierter Petersilie.

Makrelen-Aufstrich
mit Meerrettich

Schalotten abziehen, Rote Bete und Äpfel schälen und putzen. Alles fein würfeln. Mit Essig, Apfelsaft, Rotwein, Zucker sowie 2 EL Zitronensaft verrühren und 20 Minuten durchziehen lassen. Mischung in einen Topf geben und weitere 20 Minuten sämig einkochen, so dass eine Art Relish entsteht. Mit Salz und Pfeffer würzen und auskühlen lassen.
Den Fisch entgräten, in Stücke zupfen und mit dem restlichen

2 Schalotten, 1 Apfel
400 g Rote Bete
4 EL Essig, 4 EL Apfelsaft
4 EL Rotwein, Salz, Pfeffer
4 EL brauner Zucker
4 EL Zitronensaft
400 g geräuch. Makrelenfilet
200 g Crème fraîche
4 cm frischer Meerrettich
1/2 Bd. Petersilie

Zitronensaft sowie der Crème fraîche pürieren.
Meerrettich fein reiben und die Creme damit pikant abschmecken. Noch etwas Salz und Pfeffer hinzufügen und 2 Stunden in den Kühlschrank stellen. Petersilie hacken und unter das Rote-Bete-Relish mischen.
Dazu Stücke von Bauernbrot mit der Räucherfisch-Creme reichen.

Dattel-Chutney*

*Guten Appetit! wünscht Küchenchef Heiko Philipp
vom »Grand Hotel« Binz

Die Gewürze Ingwer, Chili, Zimt, Nelken, Kardamom und Kurkuma in Ghee anschwitzen, anschließend klein gehackte Zwiebel und Knoblauch mit anrösten.

Die getrockneten Datteln klein schneiden, hinzufügen und kurz mitgaren. Dann mit Ingwerwasser auffüllen. Alles bei niedriger Temperatur einkochen, bis das Chutney eine breiige Konsistenz erreicht.

Nun mit Steinsalz, Zitronensaft, Zitronenabrieb und grünem Koriander nach Belieben würzen. Das Chutney kann gern lauwarm serviert werden und passt beispielsweise zu Kaninchenrücken.

100 g Datteln
1 Zwiebel
1 Knoblauchzehe
50 g geklärte Butter (Ghee)
Ingwer, Chili, Zimt, Nelken
Kardamom, Kurkuma
Steinsalz
1 Zitrone (Saft & Abrieb)
Koriander-Grün
Ingwerwasser

Dattel!

»**W**örtlich übersetzt bedeutet Ayurveda Lebensweisheit oder Lebenswissenschaft. Der Begriff stammt aus dem indischen Sanskrit und ist eine Kombination aus Erfahrungswerten und Philosophie. Nach ayurvedischer Vorstellung sollte jeder Organismus sich mit seinen Lebensenergien in einem harmonischen Gleichgewicht befinden. Das versuche ich durch eine Ausgewogenheit aller Geschmacksrichtungen in meinen Rezepten zu unterstützen.

Nehmen wir das Dattel-Chutney: Datteln und Kardamom sind süß, verkörpern Erde und Wasser und sollen für Zufriedenheit sorgen. Koriander zieht Luft und Erde zusammen und steht für den Geist. Chili und Kurkuma stellen mit ihrer Schärfe Feuer und Luft und damit Stärke dar.

Und auch wer das Chutney nicht unter ayurvedischem Aspekt betrachtet, wird sicher die Vielfalt der Geschmacksrichtungen zu schätzen wissen.«

Heiko Philipp

Küchenchef vom »Grand Hotel« Binz

Kaninchenrücken
mit Maronenpüree*

*Guten Appetit! wünscht Küchenchef Heiko Philipp
vom »Grand Hotel« Binz

Den Kaninchenrücken von Sehnen befreien und etwa 1 Stunde mit den Kräutern marinieren. Das Fleisch dann salzen und pfeffern. Eine Pfanne erhitzen, das Öl hineingießen und den Kaninchenrücken darin kurz anbraten. Die Pfanne vom Herd nehmen, kalte Butter und auch die Kräuter hinzufügen und alles noch 5-10 Minuten in der warmen Pfanne garen lassen. Sahne mit Butter, Salz und den übrigen Gewürzen aufsetzen und ziehen lassen.

**600 g Kaninchenrücken
je 2 Zweige Thymian
und Rosmarin
8 EL Öl, 40 g Butter, Salz
Pfeffer, 300 g Maronen
300 g Kartoffeln
400 ml Sahne, 200 g Butter
Pfeffer, Fenchelsamen
Senfpulver, Zucker, Sternanis
Nelken, Muskat**

**Die Maronen weich kochen und durch ein Sieb streichen.
Auch die geschälten Kartoffeln garen und zerstampfen.
Kartoffeln und Maronen noch vermengen und die Sahne-Butter-Gewürzmischung bis zur gewünschten Beschaffenheit zugeben.
Mit Salz, Pfeffer und Muskat abrunden.**

»Lothars Leibgericht«
Stampfkartoffeln mit Koch- fisch und Zwiebelringen[*]

*Guten Appetit! wünscht Küchenchef Toni Münsterteicher
von der »Strandhalle« Binz

Die geschälten Kartoffeln in Salzwasser garen. Einen Sud aus 3 l Wasser mit 2 EL Salz, den Ringen von 3 Zwiebeln, Lorbeerblatt, Nelke, zerdrückten Wacholderbeeren und einem Schuss Weißwein bereiten. Falls vorhanden, Sellerieblätter und Kräuterstiele mit hineintun. Ein oder zwei kleine Dorsche, ausgenommen und gewaschen, in den kochenden Sud legen, dann herunterschalten und den Fisch gar ziehen lassen. Nach etwa 15 Minuten aus dem Sud heben, die Haut entfernen und mit einer Gabel das Fleisch von den Gräten zupfen. Die gekochten Kartoffeln mit Salz, Pfeffer, Muskat, Butter und gehackten Kräutern wie Peter-

1,5 kg Dorsch
500 g Kartoffeln
6 Zwiebeln, 2 Lorbeerblätter
1 Nelke
5 Wacholderbeeren
50 ml Weißwein
Selleriegrün
1 Bd. frische Kräuter
Salz, Pfeffer, Muskat
50 g Butter

silie, Schnittlauch oder Dill grob zerstampfen. Den gerupften Fisch unterheben und in einem tiefen Teller an- richten. Weitere 4 Zwiebeln in Ringe schneiden und in viel Butter vorsichtig braten. Mit Salz und Pfeffer würzen und mit der braunen Butter über den Fisch geben.

»**M**eine Lieblingstante Lydia ist eine sehr gute Köchin. Sie stammt ursprüng- lich aus Hinterpommern. Eines von vielen Rezepten, die sie mir überlassen hat, entstand eher zufällig und aus Zeitmangel. Onkel Lothar kam meist erst kurz vor Mittag vom Fischen nach Haus. Für langwierige Gerichte war da keine Zeit. Und so entwickelte Tante Lydia aus Lothars Lieblingsspeisen – nämlich Stampf- kartoffeln, Kochfisch und gebratenen Zwiebeln – sein spezielles Leibgericht«.

Küchenchef Toni Münsterteicher

von der »Strandhalle« Binz

Ringen!

Damwildterrine

Hirsch- und Schweinefleisch von Sehnen befreien und säubern, dann in fingerlange und etwa 1 Zentimeter dicke Streifen schneiden.
Von der Hälfte des grünen Specks die Schwarte entfernen und ebenso zuschneiden. Alles auf einer Platte gleichmäßig verteilen und mit dem Pastetensalz würzen.
Abgeriebene Schale je einer halben Orange und Zitrone und 5 zerdrückte Wacholderbeeren gleichmäßig darüber verteilen. Die Fleischplatte mindestens 2 Stunden in den Kühlschrank stellen. Das Fleisch anschließend durch die feinste Scheibe des Fleischwolfes drehen und sofort wieder kühlen. Dann den Vorgang wiederholen.

400 g Damwildfleisch (Rücken oder Keule)
2 Damwildfilets
200 g Schweinefleisch
750 g grüner Speck (ungeräuchert)
8 g Pastetensalz
10 Wacholderbeeren (im Mörser angedrückt)

Anschließend den Speck einmal durchdrehen. Den Speck auf Eis unter die Farce arbeiten, bis sie geschmeidig ist und glänzt, anschließend durch ein feines Sieb streichen.

Die Damwildfilets mit Pastetensalz würzen und in heißem Öl kurz anbraten. Herausnehmen, die gewürfelten Schalotten in dieser Pfanne mit Butter hell anschwitzen und mit dem Cognac ablöschen. Dann den gelierenden Wildfond aufgießen. Die Gewürze zugeben und zu einer dickflüssigen Jus einkochen. Durch ein Sieb über das Filet passieren und erkalten lassen. Pistazien, die klein gewürfelten Möhren, die gewürfelte Pökelzunge und die zerkleinerte Trüffel unter die Farce mengen. Die Filets auf ein blanchiertes Wirsingblatt legen, mit der dickflüssigen Jus beträufeln und darin einwickeln.

Den übrigen grünen Speck in Scheiben schneiden. Eine Terrine damit so auslegen, dass eine geschlossene Schicht entsteht und die Speckscheiben am oberen Rand überhängen.

Die Farce 2-3 Zentimeter hoch einfüllen, die eingewickelten Filets in die Mitte einlegen und mit der restlichen Farce beträufeln. Mit den überhängenden Speckscheiben die Farce abdecken und mit Aluminiumfolie die Terrine abdichten. Den Deckel aufsetzen und im Wasserbad bei 80 Grad 55 bis 60 Minuten garen.

abgeriebene Schale von je
1 Bio-Orange und 1 Bio-Zitrone
Wirsingblätter, Öl, Butter
50 g Schalotten
50 g Pistazien
50 g Möhren
100 g Pökelzunge
40 g Trüffel
200 ml Wildfond
4 cl Hennessy-Cognac

»Von 1991 bis 2005 war ich Prokurist der Grone-Schule in Bergen. Was ich persönlich sehr spannend fand, war unsere Winterakademie. Die lief immer von November bis Ende März und war ein Angebot für die Mitarbeiter der Rügener Hotels. Der große Vorteil war, dass beispielsweise die Köche über den Winter nicht entlassen werden mussten und zusätzlich weitergebildet wurden. Unsere Lehrkräfte waren so renommierte Köche wie Peter Knobloch, Michael Laumen, Stefan Frank oder Axel Diembeck. Woran ich mich noch besonders erinnere, war eine gemeinsame Damwildjagd mit dem Forstamt Prora. Denn alle Hotelköche konnten zwar Wild verarbeiten, aber keiner war schon mal dabei, wenn das Tier für seine Pfanne geschossen wurde. Und so war diese Jagd im Wald von Prora für uns alle äußerst beeindruckend. Hinterher gab es ein grandioses Wildbuffet – unter anderem mit der Damwild-Terrine.«

Siegfried Lang

Jahrgang 1940, früherer Prokurist
der Grone-Schule Rügen

Bückling mit Rührei*

*aus dem Buch »Strandkiste Nr. 2«
von Jürgen Schulz, sdb Verlag Rügen

Die fein gehackten Zwiebeln werden in einer großen Pfanne hell gebräunt und mit den Bücklingsfilets belegt. Bei schwacher Hitze alles noch kurze Zeit in der Pfanne erwärmen. Die gequirlten Eier werden um das Filet herumgegossen. Stocken lassen.

Man kann den Bückling mit Ei auf Brot, bestreut mit weißem Pfeffer und gehackten Kräutern, genießen. Soll er zur Hauptmahlzeit werden, so serviert man dazu Bratkartoffeln.

4 Zwiebeln
8 Bücklingsfilets
8 Eier, Pfeffer
1 Bd. frische Kräuter

Kling!

»**N**ach den Wirren des Krieges landete ich in Binz und nach sieben Monaten Schulung in Putbus nannte man mich Lehrer. Ich war gerade 17 und mächtig mager, als ich zum ersten Mal nach Groß Stresow kam. Hier sollte ich alle Kinder unterrichten – die kleinen und die, die gerade mal zwei Jahre jünger waren als ich. Gewohnt habe ich in der Schule. Das Gebäude war zwar voller Flüchtlinge, aber das Zimmer unterm Dach war noch frei. Und der Bürgermeister machte mir das schönste Geschenk, das ich mir damals denken konnte: Er entschied, dass ich ›rumessen‹ würde. Das war uralter Brauch im Dorf und bedeutete, dass der unverheiratete Dorflehrer immer reihum bei den Bauern und Fischern zum Essen eingeladen war. Und mehr noch: Ich wurde sogar gefragt, was ich gerne esse! So manche gute Hausfrau und Mutter mag wohl gehofft haben, dass sich mein zufrieden gefüllter Bauch positiv auf die Zensuren auswirken könnte …«

Jürgen Schulz

Jahrgang 1928, ehemaliger Dorfschullehrer

Broiler in Kognak

Das Hähnchen innen und außen mit Salz einreiben.
Das Innere mit Butter und Zitronensaft bestreichen. Eine große Zwiebel hineinstecken.
Den Broiler in einem größeren Topf mit Weißwein begießen, zum Kochen bringen und auf kleiner Flamme 30 Minuten garen.
Dann aus dem Topf nehmen und in Portionsstücke zerlegen.
Das Kochwasser mit Salz, Pfeffer und Chilipulver abschmecken. Kognak zugießen und noch weitere 10 Minuten leicht köcheln lassen.
Dazu gibt es Pommes frites.

1 Broiler (etwa 1,5 kg)
Salz
2 EL Butter
Pfeffer
Chilipulver
Saft einer Zitrone
1 Zwiebel
250 ml Weißwein
4 cl Kognak

»**25** Jahre habe ich als Personalchefin beim Reisebüro der DDR gearbeitet. Das Hotel-Kombinat Rügen hatte fünf Häuser, ich hatte mein Büro im Kurhaus Binz. Ich kannte alle Lehrlinge, die bei uns ausgebildet wurden. Und ich habe durchaus nicht immer nur am Schreibtisch gesessen. Zu besonderen Anlässen, wenn im Kurhaus ein großer Empfang ausgerichtet wurde, da kam immer der Küchenchef vorbei. ›Es gibt wieder ›ne große Fete. Hilfste mit, Liesel?‹ Die ›Fete‹ war dann so was wie der Festakt zur Eröffnung des Fährhafens Sassnitz-Mukran. Da wurde jede Hand gebraucht und ich half gern in der Küche. Da stand ich dann und hab zum Beispiel die Soljanka gekocht. Wir waren wirklich ein gutes Kollektiv und hatten immer genug Abwechslung.«

Liesel Treder

Jahrgang 1930, aus Prora

Karpfen mit Fliederkreude
(Holunderbeersirup)

Die geschälte Zwiebel wird mit Lorbeer, Piment, Selleriestücken und etwas Salz in einem halben Liter Wasser gekocht. Die vorbereiteten Karpfenstücke darin gar ziehen lassen, herausnehmen und warm halten.
In der Fischbrühe 1 bis 2 TL Fliederkreude auflösen. Die Sauce mit etwas Essig, Zucker und Salz abschmecken und zum Fisch mit Kartoffeln reichen.

1 ausgenommener Karpfen
1 große Zwiebel
1 Lorbeerblatt, Piment
1 kl. Sellerieknolle
Salz
Fliederkreude
Essig, Zucker
1 EL Mehl
saure Sahne
2 TL Butter

Für die Fliederkreude reife Fliederbeeren mit rotem Stiel aufkochen und durch ein Sieb ablaufen lassen oder kalt pressen. Den so gewonnenen Saft nochmals kochen, bis er bei einer Tropfenprobe zu gelieren beginnt.
In saubere Gläser abgefüllt ist dieser Sirup einige Jahre haltbar.

Marmelade
im Steintopf

Man beginnt mit 1 kg Erdbeeren. Die sauberen
Früchte etwas zerkleinern, mit
1 kg Zucker unter Rühren
15 Minuten tüchtig kochen.
Ein Päckchen Einkochschutz mit
etwas Wasser anrühren und
unter die Masse heben.
Alles in einen Steintopf füllen.
Jede weitere gereifte Frucht-
sorte wird zu unterschiedlichen
Zeiten gesondert gekocht,
jedoch dann nur 500 g Zucker
auf 1 kg Früchte nehmen.
Stets heiß unter die Masse im
Steintopf mengen und wieder
zubinden. Sehr gut geeignet
sind Erdbeeren, Rhabarber,
Stachelbeeren, rote und schwarze
Johannisbeeren, Kirschen,
Himbeeren und Pflaumen.

Gartenfrüchte der Saison
Zucker
Einkochschutz

»Ich habe schon immer gerne
gekocht. Als ich 14 war, ist meine
Mutter gestorben und da musste ich
dem Haushalt vorstehen. Das war
damals so. Und was ich heute noch
besonders gern mache, das sind
Torten, Marmeladen und Gelees.
Seit ich 1990 in Rente gegangen bin,
habe ich ja viel Zeit. Im Jahr koche ich
bestimmt 250 bis 300 Gläser ein.
Die verschenke ich dann in der Nachbarschaft. Alle freuen sich.
Und bringen mir auch mal Früchte
mit, wie Quitten zum Beispiel.
Ich selbst esse eigentlich immer nur
eine Sorte Gelee. Aber ich probiere
ständig neue Rezepte aus. Und ich
habe da meine Leute, die müssen
meine neuesten Errungenschaften
immer als Erste probieren. Und wenn
mir mal die Schraubgläser ausgehen,
dann brauche ich nur zu den Nachbarn zu sagen: ›Für drei leere Gläser
gibt's ein volles.‹ Na, was denken Sie,
wie schnell ich wieder Gläser hab …«

Liesel Treder

Jahrgang 1930, aus Prora

Zwiebelkonfitüre

Die Zwiebeln und die Knob-
lauchknolle schälen und in
Scheiben schneiden.
Mit dem Apfelsaft in einen Topf
geben und fünf Minuten dünsten.
Anschließend pürieren.
Einmachhilfe, Zitronensäure und
Gelierzucker unterrühren, das
Ganze zum Kochen bringen und
unter ständigem Rühren 4 Mi-
nuten sprudelnd kochen lassen.
In saubere, kalt ausgespülte
Twist-Off-Gläser füllen, sofort
verschließen, stürzen und erkal-
ten lassen. Kühl aufbewahren.
Die Zwiebel-Konfitüre passt
hervorragend zu Käse, kaltem
Fleisch oder Gegrilltem.

1 kg rote Zwiebeln
1 Knoblauchknolle
250 ml Apfelsaft
1 Msp. Einmachhilfe
1 Pck. Zitronensäure
500 g Gelierzucker Extra (2:1)

Winterkonfitüre

Ingwer schälen und in grobe Stücke schneiden. 300 ml Wasser mit Johannisbeer- und Apfelsaft, Glühweingewürz, Sternanis und dem Ingwer aufkochen, etwa 5 Minuten ziehen lassen. Dann durch ein feines Sieb gießen. Die Kumquats waschen, trocken reiben und in einen halben Zentimeter schmale Scheiben schneiden. Aufgefangene Flüssigkeit, Gelierzucker und Kumquats aufkochen, 3 bis 5 Minuten köcheln lassen. In Gläser füllen, verschließen und fest werden lassen.

8 Kumquats (Zwergorangen)
1 walnussgroßes Stück Ingwer
200 ml schwarzer Johannisbeersaft
400 ml klarer Apfelsaft
1 Sternanis
1 Beutel Glühweingewürz
1 kg Gelierzucker (1:1)

Winter?!

Marmelade?

Rügener Götterspeise

Das Schwarzbrot mit den Händen oder dem Multiboy klein bröseln. Butter in einer Pfanne schmelzen und die Brotkrümel darin anrösten. Vanillezucker einstreuen und karamellisieren lassen. Nach dem Erkalten mit den Schokoladenraspeln und je nach Geschmack einer Prise Zimt mischen. Die Sauerkirschen waschen und entsteinen, einige schöne Früchte zum Garnieren zurücklegen. Den Zucker in einem Topf verflüssigen und goldgelb werden lassen, dann die Früchte dazugeben und so lange auf kleiner Flamme schmoren, bis sich der Zucker wieder vollständig aufgelöst hat. Abkühlen lassen und dann das Kirschwasser unterrühren. Die Sahne steif schlagen

250 g Schwarzbrot
50 g Butter
2 Pck. Vanillezucker
2 EL Raspeln von Bitterschokolade, 500 g Sauerkirschen
100 g Zucker
2 EL Kirschwasser
500 ml Schlagsahne
2 EL Puderzucker
evtl. etwas Zimt

und Puderzucker unterheben. Schwarzbrot, Kirschkompott und Sahne abwechselnd in eine Glasschüssel oder in gläserne Dessertschalen schichten, bis alles aufgebraucht ist. Obenauf schließt die Sahne ab. Gut kühlen und zum Servieren mit Kirschen verzieren.

»**M**eine Oma Gertrud wohnte in Neu Reddevitz und ich erinnere mich noch, dass wir dort früher selbst Schlagsahne gemacht haben.
Da kam die frische Kuhmilch in so eine Art Zentrifuge und dann musste man ganz schnell an einer Kurbel drehen. Das Dünne wurde rausgeschleudert und zurückblieb die dicke Sahne. Und das war noch Sahne! Die brauchte nur ganz wenig geschlagen werden, dann wurde sie fest. Und zu den Festtagen gab's Götterspeise mit Kirschen. Obendrauf diese frische Schlagsahne. Also diese Sahne vergess' ich mein Lebtag nicht!«

Reinhardt Liedtke
Bürgermeister von Sellin

Rhabarberkuchen
mit Buttercreme

Die Zutaten für den Teig zu einer glatten Masse verarbeiten und auf ein gefettetes Backblech geben.
Den Rhabarber schälen und in kurze Stücke schneiden.
Diese aufrecht dicht an dicht in den Teig stecken und im Ofen bei 180 Grad etwa 40 Minuten backen. Danach 3 bis 4 Hände Zucker auf den Boden mit dem Rhabarber streuen und erkalten lassen. Inzwischen aus Milch und Puddingpulver den Pudding kochen und abkühlen lassen.

Für den Teig:
500 g Mehl, 200 g Butter oder Margarine, 200 g Zucker, 3 Eier 1 Pck. Backpulver, 1 Pck. Vanillezucker, 1 kg Rhabarber
Für die Creme:
250 g Zucker, 125 g Butter 1/2 Liter Milch und 1 Pck. Vanillepudding zum Kochen 1 Pck. Vanillezucker

Die zimmerwarme Butter mit dem Zucker und dem Vanillezucker in der Küchenmaschine weißschaumig aufschlagen. Wenn der Pudding die gleiche Temperatur wie die Butter hat, den Pudding nach und nach hinzufügen. Nochmals gründlich durchschlagen und auf dem Kuchen verteilen.

»Immer im Mai, wenn der Rhabarber reif war, gab es bei meiner Schwiegermutter Wally so einen ganz phantastischen Rhabarber-Blechkuchen. Alle liebten den Kuchen und es wurde immer ein richtig schönes Familienfest, wenn alle Kinder und Enkel der Großfamilie zusammenkamen, um Wallys Kuchen zu essen. Und noch heute bäckt meine Schwägerin im Andenken an ihre Mutter diesen Kuchen. Immer zum Geburtstag ihrer Tochter im Mai.«

Brigitte Pisch
Jahrgang 1953, Kurdirektorin in Sellin

Rhabarber-Bowle

Den Rhabarber putzen, waschen und in Scheiben schneiden. Die Vanilleschote der Länge nach aufschlitzen. Das Mark herauskratzen und in einem Bowlegefäß mit den Rhabarberstücken mischen. Den Zucker darüberstreuen, gut vermengen und mindestens 30 Minuten durchziehen lassen. Dann die Himbeeren und den Sirup dazugeben und mit dem eisgekühlten Mineralwasser auffüllen. Jedes Bowleglas mit einer essbaren Blüte garnieren.

150 g Rhabarber
250 g Himbeeren
1 Vanilleschote

80 g Zucker
50 ml Himbeersirup
1 l Mineralwasser
essbare Blüten

Cocktail Bridge over Baltic Water*

*Zum Wohl! wünscht Barmeister Bernd Beyer
aus der »Villa Salve« in Binz

Eine Institution in Sachen Cocktails ist Barmeister Bernd Beyer. Er räumte nicht nur jede Menge Trophäen bei Wettbewerben ab, sondern steht auch seit mehr als 30 Jahren hinter ein und demselben Bartresen – dem der »Villa Salve«.

Zur Eröffnung der Binzer Seebrücke im Jahre 1994 kreierte er zum Beispiel den »Bridge over Baltic Water« – einen Cocktail in einer breiten Schale mit halbem Salzrand.

Ein breites Cocktailglas mit einem Salzrand verzieren. Alle Zutaten mixen und in die Schale füllen. Mit einer Physalis garnieren.

Für die Einzelportion:
1/3 Glas crushed ice
2 cl Blue Curacao
3 cl Absolut Wodka
1 cl Lime Juice
1 cl Zitronensaft
1 Physalis als Garnitur

Binz-Cocktail 2010*

*Zum Wohl! wünscht Barmeister Bernd Beyer
aus der »Villa Salve« in Binz

Alle Zutaten in einen Shaker füllen und mixen.
In ein Cocktailglas gießen und mit einer Scheibe Pink Grapefruit am Rand dekorieren.

4 cl Finlandia Wodka mit Mango Flavour
2 cl Blue Curacao
2 cl Curacao Triple Sec Sirup
2 cl Lime Juice
10 cl Grapefruit Saft
Pink Grapefruit

Die Idee wurde im strengen Winter 1995 geboren.
Natürlich an der Bar von Bernd Beyer: Um die kommende Saison spektakulär zu eröffnen, könnten doch die Binzer Hoteliers publikumsträchtig gemeinschaftlich anbaden.
Seitdem hat Binz eine Attraktion mehr. 15 bis 20 Hoteliers springen jedes Jahr zu Ostern in phantasievollen Kostümen zwischen Kaiser Wilhelm und Borat vor zahlreichen Schaulustigen in die noch recht kühlen Fluten.
Und Bernd Beyer kreiert passend zu dem freudigen Anlass jeweils einen neuen Binz-Cocktail des Jahres.

Jasmund

Den Schalen unzähliger urzeitlicher Krebstiere, Korallen, Muscheln, Schnecken und anderer Mikrofossilien haben wir zu verdanken, dass Rügen mit beeindruckenden Kreidefelsen aufwarten kann, die sich imposant an der Ostküste Jasmunds entlangziehen.

Bis in die erste Hälfte des 19. Jahrhunderts vertrat allerdings selbst der Heimatforscher Johann Jacob Grümbke noch die Auffassung, massive Felsen für mögliche Steinbrüche wären statt der Kreide vorteilhafter gewesen. Denn niemand wusste damals etwas mit dem weißen Rohstoff anzufangen. Abgesehen von Romantikern wie Caspar David Friedrich, der den Kreidefelsen durch sein Gemälde geradezu ein Denkmal schuf oder anderen Naturliebhabern, die die Stubnitz für die Sommerfrische entdeckten.

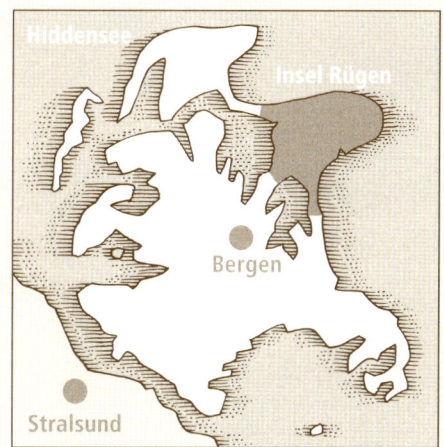

In seinen Reisenotizen beschreibt der Berliner Oberconsistorialrath Johann Friedrich Zöllner zu seiner Zeit Sagard als wegen seines Gesundbrunnens weithin bekannt:
»Ums Jahr 1750 fingen mehrere Familien an, sich des Bades wegen, einen Teil des Sommers in Sagard aufzuhalten, und es fanden sich bisweilen dreißig bis vierzig Personen zugleich ein.«

Später wurde ein Badehaus erbaut, das je nach Gefallen der Brunnengäste warme und kalte Bäder mit der nötigen Bequemlichkeit für die Wiederherstellung ihrer Gesundheit bereithielt.
»An Ergötzlichkeiten anderer Art, als da ist Caroussel, Kegelbahn, Spieltische, Fortuna, Schaukel, Wippen, Scheiben, Musik und Tanz fehlt es auch nicht ... Insofern wäre Sagard schon wert, als ein bloßer Lustort, wo man sich mit Freunden und Unbekannten zusammenfindet, um sich gemeinschaftlich zu vergnügen, besucht zu werden. Aber auch als heilsamer Brunnen verdient die Quelle Aufmerksamkeit.«

»Ein Zimmer mit Meubles gilt wöchentlich 1 thlr. 12 gr. Mittagstisch gilt 4,6 bis 8 gr. Abendtisch gilt 3,4 bis 6 gr. An die Badekasse wird auf 4 Wochen bezahlt 1 Ducaten. Wer in seiner Wohnung badet, bezahlt die Wanne jedes Mal mit 2 gr. Das Wasser 1 gr. Fuhrlohn 1 gr.«

Den Brunnengästen wurde also nicht nur Logis geboten, sondern auch umfängliche Kost. Das Gemüse stammte zumeist aus den Gärten der Gastgeber, ergänzt von den Fischfängen im Meer.

Sassnitz war zu jener Zeit noch ein Fischerdorf am Rande der Stubnitz. Der Historiker Ernst Boll zeichnete 1858 kein besonders vorteilhaftes Bild von Sassnitz, indem er schrieb: »Die Häuser mit ihren Ställen und Dunghöfen liegen daher sehr zusammengedrängt, wodurch die Frische der Luft sehr beeinträchtigt wird; die überdies auch noch durch den Rauch, in dem Bücklinge, Flickheringe, Spickflundern und Spickaale bereitet werden, keine angenehme Zugabe erhält.« Wasserpumpe und Backofen gab es lediglich zentral auf dem Marktplatz, und die wurden von allen Familien genutzt.

Der Wunsch vieler Städter nach Erholung an der See aber kurbelte mit Macht den Fremdenverkehr an und machte Sassnitz zunächst zum führenden Bad auf Rügen.

Prominente Sommerfrischler weilten hier. Johannes Brahms war im Jahre 1876 Badegast in Sassnitz und vollendete hier seine erste Symphonie in c-moll. In seinen Briefen an Freunde schwärmte er von der Schönheit der urwaldähnlichen Stubnitz.

Theodor Fontane gar ließ sich zu dem begeisterten Ausspruch hinreißen: »Nach Rügen reisen heißt, nach Sassnitz reisen«.

Sassnitz, Strandhotel

Dem schloss sich sogar die deutsche Kaiserin Auguste Viktoria an, als sie mit ihren Kindern 1890 als Kurgast den Ort besuchte.

Die Hotels boten Speisen nach dem Geschmack des weit gereisten Publikums, aber in den kleinen Pensionen überwog die gewohnte einheimische Kost. In erster Linie Hering, Dorsch, Flunder und Aal standen traditionell auf der Speisekarte.

1889 wurde in Sassnitz der Hafenausbau mit der Ostmole begonnen, 1891 entstand die Eisenbahnlinie nach Stralsund. 1909 erfolgte die Eröffnung der als Königslinie bekannt gewordenen Eisenbahnfährverbindung von Sassnitz nach Trelleborg.

Die neuen Verbindungen ließen den Ort schnell wachsen. Die Kreide-Industrie wurde bedeutend ausgebaut, Fische nicht nur gefangen, sondern auch verarbeitet.

Mit mehr als 20 000 Gästen jährlich fand Sassnitz vor dem Ersten Weltkrieg einen größeren Zuspruch als alle anderen Bäder auf Rügen.

Dorschfilet in Senfsauce

Die Zwiebel in Scheiben schneiden und mit dem Saft der halben Zitrone, Piment und Salz einen Sud bereiten.
Wenn das Wasser kocht, die Dorschfilets hineingeben und etwa 15 Minuten gar ziehen lassen. Dann die Filets mit der Schöpfkelle vorsichtig aus dem Topf heben und warm stellen. Aus Butter und Mehl eine helle Schwitze fertigen, mit Milch ablöschen und mit dem durchgeseihten Fischsud auffüllen, bis eine sämige Sauce entsteht. Einmal aufwallen lassen und Salz, Zucker sowie den Senf hinzufügen.
Heiß über die Dorschfilets geben und mit Spalten der übrigen halben Zitrone garnieren.
Dazu Salzkartoffeln servieren.

1 kg Dorschfilets
1 Zwiebel
1 Zitrone
1/4 l Milch
50 g Butter
3 EL Mehl
4 EL Senf
6 Pimentkörner
Zucker, Salz

Geradezu legendär und weit über die Grenzen Sassnitz' hinaus bekannt ist Hans Thesenfitz. Er war 1909 der erste Kapitän des berühmten Eisenbahnfährschiffs »Deutschland«, das die Königslinie nach Trelleborg eröffnete und er blieb es 37 Jahre lang. Bis die »Deutschland« als Reparationsleistung an die damalige Sowjetunion übergeben wurde.
Hans Thesenfitz genoss übrigens auch in Schweden hohes Ansehen.
Er war Inhaber des »Ritterkreuzes I. Klasse des Königlich Schwedischen Wasaordens«.
Dank der Stewardess Elisabeth (»Lissy«) Sternberg existiert über seine kulinarischen Vorlieben folgende Anekdote: Das Größte für Thesenfitz war Kochdorsch. An den Tagen, an denen dieses Gericht in der Kombüse zum Mittag anstand, war klar, dass die Dorsche im Ganzen gekocht wurden. Die Dorschköpfe wurden dann auf ein Tablett gestapelt und zur Kapitänskajüte gebracht. Es war ein ungeschriebenes Gesetz an Bord, dass der Käpt'n nun ein bis zwei Stunden nicht gestört werden durfte, während er sich dem Genuss der Bäckchen vom Dorsch hingab.

Senf!

Speckflundern

Die Flundern waschen, trocken tupfen und auf jeder Seite dreimal schräg bis zur Gräte einschneiden. Salzen, mit dem Saft einer halben Zitrone beträufeln und etwa eine halbe Stunde marinieren lassen.
Den Speck fein würfeln und in der Pfanne auslassen, bis er glasig wird. Die Flundern dazulegen und von jeder Seite etwa 4 Minuten braten. Bestreut mit den Speckwürfeln und gewiegter Petersilie werden die Flundern mit je einer Zitronenscheibe angerichtet. Als Beilage sind Salzkartoffeln oder Kartoffelsalat üblich.

4 küchenfertig
ausgenommene Flundern
125 g fetter Speck
1 Zitrone
Salz
Petersilie

Saurer Kartoffelbrei mit Hering

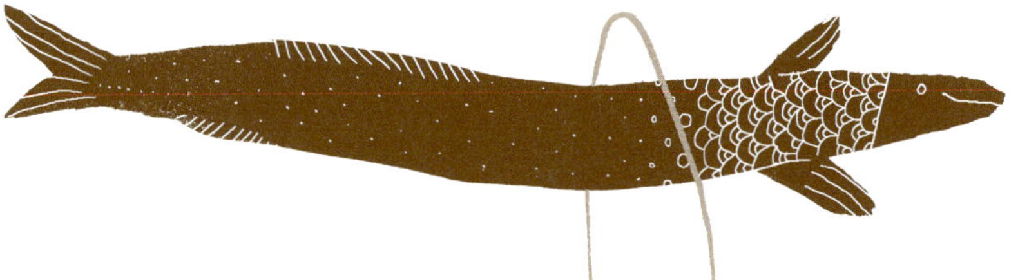

Heringe säubern, abwaschen, trocknen und mit Zitronensaft säuern. In Mehl wenden, überschüssiges Mehl abklopfen. Die Fische in heißem Fett knusprig braten. Die Kartoffeln schälen und in Salzwasser je nach Sorte zwischen 15 und 20 Minuten kochen. Beim Abgießen eine Tasse Kochwasser auffangen. Speck und Zwiebeln fein hacken. Das Kochwasser mit Essig und einer Prise Zucker kräftig abschmecken, zurück in den Kartoffeltopf geben und alles zu Brei stampfen.

8 grüne Heringe
Saft einer Zitrone
2 EL Mehl
Öl zum Braten
800 g Kartoffeln
150 g Speck
2 Zwiebeln
Essig, Salz, Zucker

Speck und Zwiebeln untermengen und nochmals auf den Herd stellen. Auf kleiner Flamme unter ständigem Rühren dämpfen, bis die Zwiebelwürfel glasig werden. Sauren Kartoffelbrei auf den Tellern verteilen und je zwei frisch gebratene Heringe daneben anrichten. Dazu reicht man einen grünen Salat.

Plückhecht

Hecht schuppen, waschen, Kopf und Flossen abtrennen und ihn in zwei oder drei Stücke teilen. Reichlich Salzwasser zum Kochen bringen, den Hechtkopf, das geputzte Suppengrün und die abgezogene Zwiebel hineingeben und nach dem ersten Aufwallen einmal abschöpfen. Dann die Lorbeerblätter und die Fischstücke dazugeben und etwa 20 Minuten auf kleiner Flamme simmern lassen. Der Hecht ist gar, wenn man ohne Schwierigkeiten die Gräten der Rückenflosse herausziehen kann. Die Fischstücke aus dem Sud heben, von Haut und Gräten befreien und das Fleisch mit einer Gabel grob zerpflücken. Die Brühe durch ein feines Sieb gießen. In einem Topf die

1 Hecht (ca. 1,2 kg)
1 Bd. Suppengrün
1 Zwiebel
2 Lorbeerblätter
80 g Butter
3 EL Mehl
2 EL Kapern
2 EL Sardellen
Zitronensaft
Salz, Pfeffer, Zucker

Butter zerlassen, das Mehl anschwitzen und mit dem Fischsud ablöschen. Kapern und klein gehackte Sardellen an die Sauce geben und mit Zitronensaft, Pfeffer und einer Prise Zucker pikant abschmecken. Den Plückhecht mit der Sauce übergießen und mit Salzkartoffeln reichen.

Insbesondere der Jasmunder Bodden ist berühmt für seine Hechtbestände. In Breege schwört man beispielsweise auf Hecht in brauner Butter, wobei der Fisch im Ganzen gegart und dann in reichlich gebräunter Butter schwimmend und mit viel Petersilie bestreut serviert wird. Diese Zubereitungsart dürfte schon sehr alt sein, denn das Rezept findet sich bereits in mittelalterlichen Klosteraufzeichnungen. Aber auch mit Petersiliensauce oder als traditioneller Plückhecht kommt der große Raubfisch auf Rügen zu Ehren.

Medaillons vom Hecht
mit Senf-Linsen

Die Linsen in Wasser einweichen und ein bis zwei Stunden quellen lassen. 3 Schalotten und Speck in feine Würfel schneiden und in etwas Öl anrösten. Die Linsen abgießen und in kochendem Salzwasser blanchieren. Abschrecken und zu der Speck-Mischung geben.
Mit Fond und Sahne aufgießen und einkochen lassen.
Senf und Balsamico einrühren, mit Salz und Pfeffer abschmecken. Die restliche Schalotte klein würfeln, Rosmarin-Nadeln hacken und beides in 1 EL Butter anschwitzen, dann mit Zucker karamellisieren.
Abkühlen lassen und zusammen mit einer Prise Salz und ein paar Spritzern Zitronensaft in die kalte Butter einkneten.

2 Hechtfilets
Öl, Salz, Pfeffer
200 g kleine rote Linsen, 4 Schalotten
50 g Bauchspeck
250 ml Geflügelfond
250 ml Sahne
2 EL körniger Senf, Balsamico-Essig, Petersilie
125 g Butter, 2 Zweige Rosmarin
1 EL Zucker
Zitronensaft

Linsen!

Die Hechtfilets waschen, abtrocknen und in zweifingerdicke Medaillons schneiden. Den Fisch salzen, pfeffern und in reichlich Öl knusprig braten. Die fertigen Linsen in der Mitte einer Platte anrichten, die Hecht-Medaillons daraufsetzen und mit dicken Flocken der Rosmarin-Butter besetzen. Dazu schmeckt Kartoffelpüree.

Hecht

Heringssalat
der Familie Wöllner

Die Kräuter-Matjes in Streifen, Pellkartoffeln und hart gekochte Eier in Würfel, sowie Äpfel, die Zwiebel und die Gewürzgurken klein schneiden. Das Ganze gut vermischen, mit 5 Spritzern Tabasco-Sauce würzen und noch 3 Esslöffel Mayonnaise unterrühren. Dann ein paar Stunden durchziehen lassen.

6 Kräuter-Matjesfilets
5 Pellkartoffeln
3 Eier
1 Zwiebel
2 Äpfel
4 Gewürzgurken
5 Spritzer Tabasco-Sauce
3 EL Mayonnaise

»**W**enn ich an den Lebertran meiner Kindheit zurückdenke, dann schüttelt es mich noch heute. Gleich nach dem Krieg haben die Großmütter das übel schmeckende Zeug aus Dorschleber gemacht. Dazu wurde die Dorschleber mit Zwiebeln, Majoran und Thymian in der Pfanne ausgebraten und anschließend durch ein Sieb gegossen.

Die festen Bestandteile, die im Sieb zurückblieben, wurden wie Leberwurst auf Brot gegessen. Den durchgelaufenen Lebertran aber hat meine Großmutter mir und meinen beiden Cousinen jeden Tag löffelweise verabreicht. Aus heutiger Sicht war es wohl das Beste, was uns in der vitaminarmen Zeit passieren konnte, denn wir sind gesund geblieben. Und den gebratenen Brotaufstrich aus Dorschleber esse ich heut noch gerne.«

Elke Wöllner

Jahrgang 1938, aus Sassnitz

Silvester-Heringssalat

Heringsfilets ein bis zwei Stunden in kaltes Wasser legen, danach trocken tupfen. Die Eier hart kochen, die Äpfel schälen und vom Kerngehäuse befreien. Alle Zutaten klein schneiden. Für die Marinade erkaltete Brühe mit Essig, Senf und Öl verrühren und mit Pfeffer und Zucker pikant abschmecken. Salat einige Stunden ziehen lassen. Zum Servieren mit klein geschnittenen Schnittlauch-röllchen bestreuen.

8 Heringsfilets
200 g Rote Bete
200 g Gewürzgurken
2 Zwiebeln
250 g kalter Braten, 2 Äpfel
2 Eier
1/2 Tasse Rinderbrühe (Instant)
4 EL Essig, 2 TL Senf
2 EL Öl, Pfeffer, Zucker
1/2 Bd. Schnittlauch

»Silvester gab und gibt es immer Heringssalat. Und schon meine Oma erzählte, dass er aus sieben Sachen bestehen muss. Also sieben Zutaten. Denn die Sieben ist ja allgemein als Glückszahl bekannt. Zu den sieben Sachen gehören: Fisch aus dem Meer – Matjes. Fleisch von der Weide – Kalbs- oder Rinderbraten. Etwas aus dem Stall – hart gekochte Eier. Etwas aus der Erde – Rote Bete und Zwiebeln. Etwas vom Feld – Gurke. Und etwas vom Baum – Apfel. Bestimmt uralter Heidenzauber. Aber ich fand den Spruch schon als Kind faszinierend. Fisch essen am Silvester-abend soll ja sowieso Glück bringen. Die Leute, die Silvester Karpfen essen, müssen sich eine Schuppe ins Porte-monnaie stecken, dann haben sie das ganze Jahr über Geld darin. Woher ich das weiß? Na, sicher auch von der Großmutter! Geschnippelt für den Heringssalat wird übrigens schon am 30. Dezember, damit er auch ordent-lich durchziehen kann. Und das ist dann manchmal schon eine kleine Silvester-Vorfeier. Denn wer Herings-salat schnippelt, hat sich auch einen Korn verdient ...«

Gerhard Treusch Jahrgang 1949, Sassnitz

Fischpuffer

Kartoffeln schälen und fein reiben. Fischfilet nach Gräten absuchen, waschen und abtrocknen, Zwiebeln abziehen und achteln. Fisch und Zwiebeln im Fleischwolf durchdrehen. Mit den Reibekartoffeln, Speckwürfeln und Kartoffelmehl vermengen. Fett in der Pfanne erhitzen und je 2 EL dieser Masse zu flachen Puffern braten. Sie werden mit Apfelmus, Preiselbeerkompott oder Johannisbeerkonfitüre serviert.
Dazu einen grünen Salat auf den Tisch bringen.

500 g Fischfilet
500 g Kartoffeln
2 Zwiebeln
100 g Räucherspeck
2 EL Kartoffelmehl
Fett zum Braten

»In den Nachkriegsjahren gab es in der Sassnitzer Lindenallee eine Fischwurst-Fabrik: Bockwurst, Jagdwurst und Ähnliches wurde dort aus Fisch hergestellt und wie Wurst geräuchert. Es hat sogar richtig gut geschmeckt und gar nicht nach Fisch. Legendär sind auch die Fischbuletten. Zu festlichen Anlässen gab es zu dieser Zeit in den Familien überhaupt häufig Fischbuletten mit Kartoffelsalat. Die Buletten werden aus Dorsch gemacht, durchgedreht im Fleischwolf.«

Joachim Wöllner aus Sassnitz

Gekochter Steinbutt
mit Sauerampfersauce

In kaltem Wasser mit einer Zwiebel und reichlich Salz den Fisch ansetzen und zum Kochen bringen. Dann 15 Minuten auf kleiner Flamme köcheln lassen. Ist der Fisch gar, sollte er noch ein paar Minuten in der Brühe nachziehen. Zu einer Mehlschwitze gibt man eine Handvoll gut gewaschenen und klein geschnittenen Sauerampfer, den man ein paar Minuten darin dünstet.

Dann unter ständigem Rühren so viel Fischwasser aufgießen, dass eine sämige Sauce entsteht, die man mit einer Prise Muskatnuss würzt und mit 2 Eidottern verquirlt.

4 Steinbuttfilets
1 Zwiebel
Salz
1 Handvoll Sauerampfer
Muskat
2 Eigelb

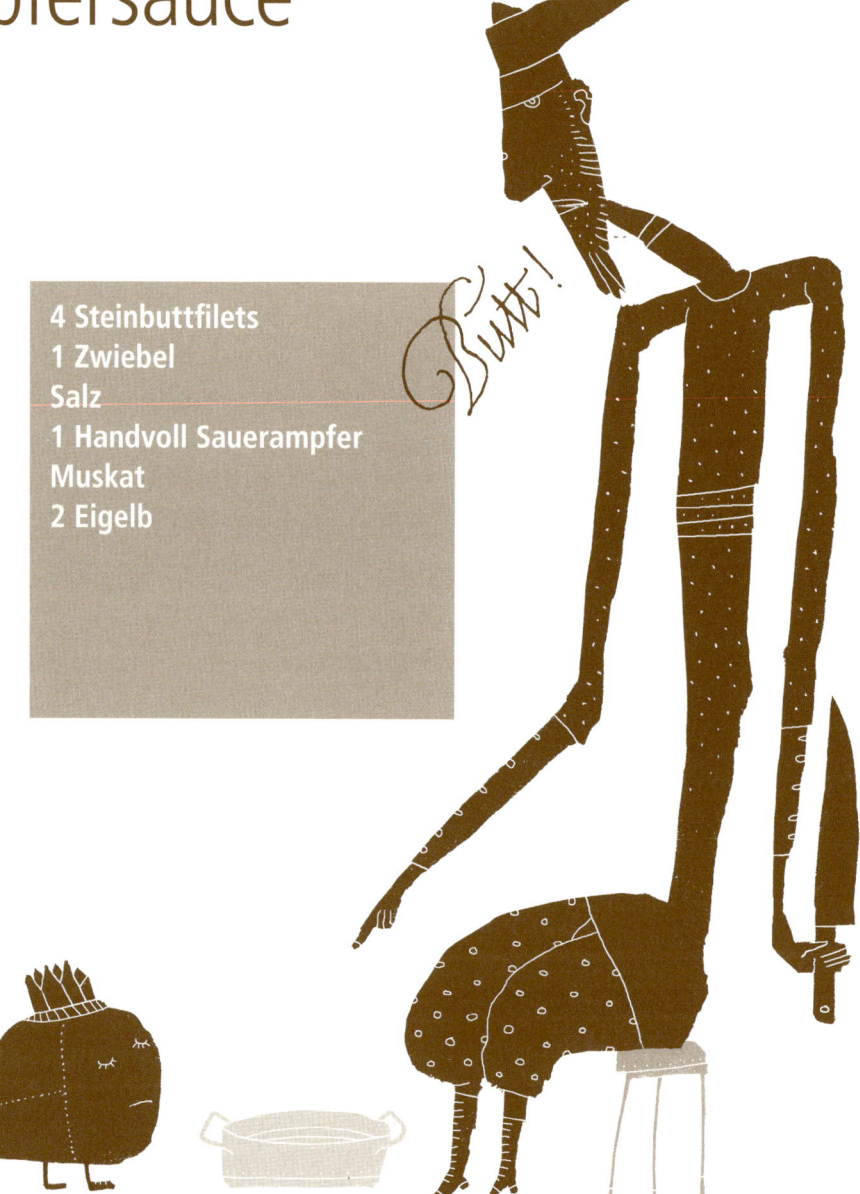

Butt!

Kutterdorsch
gebraten auf Wittower Sanddorn-Wirsing*

*Guten Appetit! wünscht Marcus Dührkop,
Küchenchef im »Gastmahl des Meeres« in Sassnitz

Den küchenfertigen Dorsch an der Hautseite etwas über Kreuz einschneiden, mit Zitrone und Weißwein marinieren und kalt stellen. Den geschnittenen Wirsing in Butter mit Zwiebelwürfeln glasig anschwitzen, mit Mehl bestäuben und zu gleichen Teilen mit Sanddornsaft und Sahne auffüllen. Mit Salz, etwas Kurkuma zur Farbgestaltung, Senf und Tabasco abschmecken. Jetzt den Dorsch salzen, in Mehl wälzen und das überflüssige Mehl wieder abklopfen. Dann beidseitig relativ scharf anbraten. Danach die Hitze etwas drosseln und etwa 15 Minuten langsam weiterbraten.

Für die Schnittlauch-Senfschaum-Sauce die fein gehackte Zwiebel mit den anderen Zutaten verrühren. Erst kurz vor dem Servieren die geschlagene Sahne und nach Geschmack etwas Butter unter die fertige Sauce ziehen. Den Kutterdorsch auf dem Sanddorn-Wirsing und der Sauce anrichten.

> 1 Dorsch
> (ganz, ohne Kopf; 1,5-2 kg)
> 2 Zitronen
> 50 ml Weißwein
> Salz, Mehl
> 150 g Bratfett
> (Butterschmalz und Rapsöl)
> 200 ml Fischfond
> Sahne
> Butter

»Ich wohne in Juliusruh und wenn man von dort aus nach Sassnitz fährt, sieht man im Herbst immer die Leute am Straßenrand, wie sie die Sträucher mit Sanddorn melken. Das heißt, der Saft aus den Sanddornbeeren wird direkt am Zweig ausgequetscht. Und als ich mit den Gedanken schon so halb bei der Arbeit war, kommt mir im Vorbeifahren die Idee, doch mal unseren Wirsing mit Sanddorn zu verbinden. Warum eigentlich nicht? Die besten Ideen kommen einem doch meistens unvermutet zwischendurch. Und der Kutterdorsch mit Sanddorn-Wirsing ist ein richtig beliebtes Gericht bei unseren Gästen geworden.«

Marcus Dührkop,
Küchenchef im »Gastmahl des Meeres« in Sassnitz

> **Für das Gemüse:** 1 Wirsingkohl
> 2 Karotten, 100 ml Sanddornsaft
> 1 EL Butter, 1 Zwiebel
> 1 EL Mehl, 100 ml Sahne, Senf
> Salz, Kümmel, Kurkuma, Tabasco
> **Für die Sauce:** 150 g Mayonnaise
> 100 g Magerjoghurt
> 1-2 TL scharfer Senf
> 2 TL milder Senf, 1 kleine Zwiebel
> 100 g Sahne, Schnittlauch

Gebeizter Lachs
auf Rügener Art

Die Lachsseite von Gräten und Fett befreien, aber die Haut nicht abziehen. Gewürze mit Meersalz und Zucker mischen, zum Schluss ein Bund fein gehackten Dill unterheben. Dann das Filet von allen Seiten damit einreiben. Mit der Hautseite nach unten in ein längliches Gefäß legen und mit der restlichen Würzmischung bedecken. Das zweite Bund Dill grob zerpflücken und darauf verteilen. Den Lachs 24 Stunden an einem kühlen, aber nicht kalten und auf jeden Fall trockenen Ort ziehen lassen. Danach das Filet aus dem Gefäß nehmen, unter fließendem kalten Wasser abspülen und trocken tupfen.

1/2 Seite Lachs
700 g brauner Zucker
300 g Meersalz
1 TL Senfsaat
1 TL Pfefferkörner
2 Bd. Dill
Öl

Sollte der Fisch zu salzig geworden sein, noch ein paar Minuten kalt wässern. Dann erneut abtrocknen und mit etwas Öl leicht einpinseln. Den gebeizten Lachs zu Brot mit einer Senf-Dill-Mayonnaise reichen.
Klein gehackt auf die fertigen Teller gestreut, kann er auch eine Kartoffelsuppe veredeln.

Rotwein-Matjes

Rotwein, Essig, Zucker und Gewürze aufkochen, den Herd herunterschalten und mindestens 5 Minuten weiterköcheln. Zwiebeln pellen und in Ringe schneiden. In den Würzsud geben und noch einmal aufwallen lassen. Dann vom Feuer nehmen, abdecken und erkalten lassen.

6 grüne Heringe
1/4 l Rotwein
1/4 l Rotwein-Essig
250 g Zucker
2 Lorbeerblätter
2 Gewürznelken
1 EL schwarze Pfefferkörner
1 EL Senfkörner
375 g rote Zwiebeln

Die frischen Heringe häuten, filetieren und entgräten. Jedes Filet einmal quer halbieren. Den erkalteten Sud durchsieben und die Zwiebelringe herausfischen. Zwiebeln abwechselnd mit den Matjesstücken in ein verschließbares Gefäß schichten und mit dem Sud übergießen.

Mindestens zwei Tage kühl gestellt durchziehen lassen, dabei gelegentlich sanft rütteln. Rotwein-Matjes isst man zu deftigem Bauernbrot oder als Mittagsmahlzeit zu Bratkartoffeln.

Kammbraten
im Gemüsebett

Backofen auf 180 Grad vorheizen. Das Fleisch von allen Seiten kräftig salzen und pfeffern und mit Senf bestreichen. Öl in einer Pfanne erhitzen und den Braten rundherum anbraten. Vom Feuer nehmen. Die gewaschenen Kartoffeln, geputzten und halbierten Möhren sowie die Erbsen in eine flache, feuerfeste Form geben.
250 ml heißes Wasser dazugießen, 1 TL Salz und 1 TL Zucker über das Gemüse verteilen. Dann den Kammbraten in der Mitte platzieren. Alles für eine Stunde in den Ofen schieben. Die abgewaschenen und trocken geschüttelten Salbeiblätter dazugeben, dabei 8 Blätter zurückbehalten. Nochmals 30 Minuten schmoren, eventuell etwas

1,5 kg Schweinekamm ohne Knochen
Salz, Pfeffer, 2 EL Senf
2 EL Öl
1 Handvoll Salbeiblätter
50 g Käse
800 g kleine Kartoffeln
400 g Babymöhren
400 g grüne Erbsen
1 Bd. Petersilie

Wasser nachgießen. Den Käse in Streifen schneiden.
Restliche Salbeiblätter und Käsestreifen auf dem Braten verteilen und zum Schluss noch einmal kurz unter dem Grill überkrusten lassen. Form aus dem Ofen nehmen, Braten aufschneiden und alles mit reichlich gehackter Petersilie bestreut auf den Tisch bringen.

»**1964** hab ich als Nautiker auf der ›Havel‹, mit amtlichem Namen SAS 274, angefangen. Das war damals ein moderner Kutter, der zur Fangflotte des Fischkombinates Sassnitz gehörte. Offiziell sind darauf keine Köche gefahren. Das heißt, von sieben Mann Besatzung musste einer zum Kochen freigestellt werden. Kapitän, Steuermann und Maschinist fielen schon mal aus für den Job. Blieb nur einer, der an Deck arbeitete. Wenn man Glück hatte, konnte derjenige auch ein wenig kochen. Auf der ›Havel‹ hatten wir damals allerdings kein Glück. Meist waren wir 14 Tage unterwegs und es gab immer nur Kartoffeln, Braten und Sauce, meist ohne Gemüse. Fisch ganz selten, das war nur so der Notnagel. Später war die Versorgung an Bord sogar mal Thema für eine Kommission. Da wurden Kochkurse angeboten und in Rostock testete man 1965 Fertigprodukte in Konservendosen, extra für die Verwendung an Bord. Das waren meist Eintöpfe und Kohlrouladen. Es gab natürlich auch Kutterbesatzungen, die hatten mehr Glück mit ihren Köchen. Die erstellten sogar Wochen-Speisepläne.«

Klaus-Peter Poppitz Jahrgang 1940, Sassnitz

Rügener Rindergulasch

Das Rindfleisch von Sehnen befreien und in grobe Würfel schneiden. In einem gut schließenden Gefäß Rotwein und Obstbrand mischen, die Gulaschwürfel darin wenden und mindestens 12 Stunden fest verschlossen marinieren.

Vor dem Garen auf einem Durchschlag abtropfen lassen, die Marinade dabei auffangen.

Die Zwiebeln und das Suppengemüse fein würfeln. Die Margarine in einem Bräter auslassen und die Fleischwürfel darin portionsweise kräftig anbraten, salzen und pfeffern.

Anschließend das Gemüse andünsten, dabei mit etwas Zucker bestreuen. Mit dem Rinderfond auffüllen und das Fleisch wieder dazugeben. Den Thymian mit

1,5 kg durchwachsenes Rindfleisch
125 ml Rotwein
100 ml Sanddorn-Saft
1 Bd. Suppengemüse
4 Zwiebeln
80 g Margarine
500 ml Rinderfond
1 Bd. Thymian
30 ml Obstbrand

etwas Küchengarn zusammenbinden und mit hineinlegen. Gulasch mindestens 2 Stunden leise köcheln lassen.

Abschließend das Kräutersträußchen wieder herausfischen, mit Salz und Pfeffer abschmecken und den Sanddorn-Saft einrühren. Eventuell mit Kartoffelstärke binden. Dazu reicht man Nudeln oder Klöße.

Geräucherte Schweinebacke
mit Grünkohl

Den Grünkohl gründlich waschen, die Blätter von den Rippen streifen und grob hacken. Das Schmalz in einem größeren Topf auslassen, die klein gehackten Zwiebeln darin glasig dünsten, den Kohl, die Pfefferkörner und die Grütze dazugeben. Mit je einer Prise Zucker, Muskat und Salz würzen. Die Schweinebacke auf den Kohl legen, mit der Hälfte der Brühe aufgießen und zugedeckt bei mittlerer Hitze rund 2 Stunden garen.

500 g geräucherte Schweinebacke
1,5 kg Grünkohl
75 g Schmalz
2 Zwiebeln
2 EL Hafergrütze
250 ml Brühe
Zucker
5 Pfefferkörner
Muskat, Salz, Pfeffer

Vor dem Servieren die Schweinebacke in Scheiben schneiden und mit dem Grünkohl und Salzkartoffeln anrichten.
Wem das Fleisch vom Schweinekopf zu fett ist, kann für dieses Rezept auch zwei Scheiben Kasselerkamm verwenden.

Hirschrückensteak paniert
nach Försters Art*

*Guten Appetit! wünscht Uwe Kasten,
Jäger und Gastwirt der »Kleinen Försterei« in Hagen

Der Hirschrücken sollte sehr frisch sein, am besten Nuss oder Oberschale. Das Fleisch in Portionen zu je etwa 180 g teilen, dann mit Salz und Pfeffer einreiben. Anschließend in Mehl wenden, abschütteln und in gequirltem Ei wälzen. Die Hirschsteaks von jeder Seite etwa 3 Minuten braten. Das Fett darf nicht zu heiß sein, weil das Fleisch sonst zu dunkel und zäh wird. Wenn das Steak auf Fingerdruck nachgibt, dann ist es fertig. Die Pfifferlinge gut reinigen. In einer Pfanne Butter und Speckwürfel auslassen, die klein gehackte Zwiebel darin glasig dünsten und die Pilze dazugeben. Alles kurz durchschmoren lassen, mit Salz und Pfeffer abschmecken und mit gehackter Peter-

1 kg Hirschrücken
50 g Mehl
Salz, Pfeffer
1 Ei, Fett zum Braten
500 g Pfifferlinge
2 EL Butter
60 g durchwachsener Speck
1 kleine Zwiebel
1/2 Bd. Petersilie
1 Kopf Romanesco, Zucker

silie bestreuen. Den Romanesco in Röschen teilen und mit kaltem Wasser zum Kochen aufsetzen. Je 1 TL Salz und Zucker zugeben. Nach dem Aufkochen fünf Minuten gar ziehen lassen und mit dem Schaumlöffel herausheben. Vor dem Servieren mit 1 EL zerlassener Butter überträufeln. Alles zusammen servieren.

»Ich hatte immer den Traum, Jäger zu werden. Ich habe nach der Schule Forstfacharbeiter gelernt und 1979 schon die Delegierung zum Fachschulstudium in Raben-Steinfeld in der Tasche gehabt. Als ich aber nicht in die Partei eintreten wollte, hat man mich als nicht linientreu genug eingestuft. Und da war er wieder weg, der Studienplatz – und damit der Traumberuf Förster in weiter Ferne. Erst nach der Wende konnte ich meinen Jagdschein machen und 1994 haben wir unsere Gaststätte eröffnet. Jetzt habe ich mir nach und nach all das geschaffen, wovon ich so lange nur träumen konnte. Was ich im Nationalpark Jasmund jage, zerlege und kühle ich in meiner eigenen Wildverarbeitung und dann werden daraus die Spezialitäten, die wir in der Wildgaststätte unseren Gästen anbieten.

Das panierte Hirschrückensteak ist mein Lieblingsgericht, steht aber nicht auf der Karte, weil es zu aufwendig ist. Wenn ich sie drum bitte, brutzelt unsere Köchin es mir zum Glück aber.«

Uwe Kasten

der jagende Gastwirt der »Kleinen Försterei« in Hagen

Wildschweinrippchen*

*Guten Appetit! wünscht Gisela Wichmann,
Chefköchin der »Kleinen Försterei« in Hagen

Die Wildschweinrippchen waschen und abtrocknen. Mit Salz, Pfeffer und Kräutern der Provence einreiben und in heißem Öl anbraten. Zwiebeln klein schneiden, zusammen mit Lorbeer und Piment dazugeben. Nochmals scharf anbraten und hin und wieder mit Wasser ablöschen. Die Pfanne danach für etwa 2 Stunden in den auf 180 Grad vorgeheizten Ofen schieben und die Rippchen gar schmoren. Abschließend den Bratensatz loskochen und mit etwas Stärke als Sauce binden.

1 kg Wildschweinrippchen
Salz, Pfeffer
Öl zum Anbraten
2 Zwiebeln
1 Lorbeerblatt
6 Pimentkörner
Kräuter der Provence
feine Speisestärke

Geschmorte Bisdamitzer Milchlammschulter*

*Guten Appetit! wünscht Michael Jordan, Küchenmeister
im »Panorama Hotel Lohme«

Die Milchlammschulter in eine große Auflaufform mit Olivenöl legen, mit Salz und Pfeffer würzen und 1 Liter Wasser hinzufügen. Dazu die Petersilie, einen Zweig Rosmarin, die zerdrückten Knoblauchzehen und 3 ganze Strauchtomaten (vorher den Stielansatz entfernen) in den Fond legen.
Die Auflaufform bei 120° Grad für 2 Stunden in den Ofen schieben, nach der Hälfte der Zeit das Fleisch wenden. In der Zwischenzeit die Kartoffeln im Ganzen kochen. Wenn sie gar sind, halbieren, zwischen die beiden Hälften Rosmarin (2-3 Nadeln) legen und mit einer Speckscheibe umwickeln.

1,5 kg Milchlammschulter (mit Knochen)
150 ml Olivenöl
2 Stängel Petersilie
2 Zweige Rosmarin
3 Knoblauchzehen, 11 Strauchtomaten
12 Kartoffeln (z. B. Grenalie)
12 Speckscheiben
1 kleine Zwiebel
150 ml Tomatensaft
Salz, weißer Pfeffer, Muskat

Von den übrigen 8 Tomaten das Kerngehäuse entfernen und achteln. Die Zwiebel in feine Würfel schneiden. 20 Minuten bevor das Lamm fertig ist, die Speckkartoffeln goldbraun anbraten. Dann die Zwiebel in einem Topf mit Öl andünsten, die Tomatenachtel dazugeben, mit Salz, Pfeffer und Muskat abschmecken und mit Tomatensaft ablöschen. Nun das Lamm vom Knochen lösen, portionieren und kurz warm stellen.
Aus dem Fond vom geschmorten Fleisch eine Sauce herstellen und mit Lamm, je 3 Kartoffeln und Tomatengemüse anrichten.

Balkan-Express

Himbeergeist, Wermut und Zitronensaft mit Eis in den Mixer füllen und schütteln. In ein Cocktailglas seihen und mit der Kirsche garnieren.

Für die Einzelportion:
2 cl Himbeergeist
2 cl roter Wermut
2 cl Wermut dry
2 Spritzer Zitronensaft
1 Cocktailkirsche

»**D**as Rügen-Hotel wurde 1969 gebaut, seitdem ist es das höchste Gebäude der Stadt. Zu DDR-Zeiten war es das erste Haus am Platze und für Otto-Normalbürger gar nicht so einfach, mal reinzukommen. Ohne Bestellung ging gar nichts. Wenn es mal einen besonderen Anlass gab oder wenn wir Besuch hatten, dann haben wir schon lange vorher Plätze in der Nachtbar im Obergeschoss reserviert. Ich kann mich noch ganz gut dran erinnern: Wenn man reinkam, war es so schummerig, dass man kaum die Karte lesen konnte. Aber es war gemütlich und die Atmosphäre richtig anheimelnd. Und die Sicht aus dem 9. Stock ist einfach herrlich. Man schaut übers Meer bis nach Binz und bei klarer Sicht sogar bis Göhren.«

Klaus-Peter Poppitz

Jahrgang 1940, aus Sassnitz

Sekt-Cocktail

Cockt!

Curacao und Cherry Brandy ins Trinkglas geben.
Mit Sekt auffüllen und mit Trinkhalmen servieren.
Dieser Cocktail lässt sich auch aus anderen Likören, zum Beispiel Erdbeer- oder Bananenlikör, bereiten.

Für die Einzelportion:
2 Spritzer Curacao
1 Spritzer Cherry Brandy
Sekt (z. B. Rotkäppchen)

Johannisfeuer

Zitrone abwaschen, die Schale spiralförmig abschneiden und auspressen. Johannisbeersaft mit dem Zitronensaft und dem Zucker und dem Rum in einem Bowle-Gefäß oder einem gläsernen Krug gut verrühren. Dann den gut gekühlten Sekt hineingießen.
Die Zitronenspirale dekorativ im Gefäß schwimmen lassen.

1 Flasche schwarzer Johannisbeersaft
1 Zitrone
1/4 l Rum
1 EL Zucker
1 Flasche Sekt

Feuer!

»Die Johannisnacht hat ja uralte Wurzeln. In vorchristlichen Zeiten begrüßten die Menschen die Sommersonnenwende in der Nacht vom 23. zum 24. Juni mit ausgelassenen Festen. Heute kommt das wieder ein wenig in Mode. In meiner Familie nutzen wir die kürzeste Nacht des Jahres seit einiger Zeit zum Angrillen. Eine zünftige Party mit Freunden und Nachbarn, bei der es natürlich auch 'was Leckeres zu trinken gibt.
Das Rezept für unseren Punsch habe ich aus einem alten Mecklenburg-Kochbuch. Man kann die Menge für beliebig viele Personen erweitern. Sind es sechs, zählt man nach Flaschen. Sind es 20, nimmt man lieber eine Stiege. Und wer es etwas härter mag, dem empfehle ich den Höllentrank. Auch keine neue Geschichte, sondern ebenfalls aus dem ollen Kochbuch. Aber die heidnischen Bräuche in der Johannisnacht sollen ja auch recht deftig gewesen sein ...«

Sabine Gruber

Jahrgang 1974, Sassnitz

Höllentrank

Tran!

J e 2 cl Rum in ein hohes Glas gießen, mit Bockbier auffüllen und nach Geschmack mit einer Prise Salz und Pfeffer aromatisieren.

**2 Flaschen Bockbier
8 cl Rum
Salz, Pfeffer**

»**D**ie Wende hat die Trinkgewohnheiten der Arbeiter ganz schön verändert. Zu DDR-Zeiten gingen die Leute nach der Schicht oft noch auf ein Glas in die Kneipe. Das kleine Bier kostete bei uns 49 Pfennig, ein Doppelter 1,10 Mark. Dann kam die Wende und auf einmal waren kleinere Schnapsgläser und größere Wassergläser gefragt. Beides mussten wir, die Kneiper, erst mal anschaffen. Zu DDR-Zeiten wurden manchmal an einem Tag 50 Flaschen Schnaps ausgeschenkt. Heute reicht die gleiche Menge für ein ganzes Jahr.«

Karl-Friedrich Lindmeier

Jahrgang 1947, Inhaber »Zur Mole« in Sassnitz

Waldmeister-Eiscreme

Den Waldmeister, der unbedingt vor der Blüte Anfang Mai geerntet werden muss, kurz abbrausen, trocken schütteln und grob zerteilen. Sahne in einen Topf geben, Waldmeister hineinlegen und aufkochen. Vom Feuer nehmen und durch ein Sieb gießen. Die Eigelbe mit Zucker schaumig schlagen. Waldmeistersahne unter ständigem Rühren ganz langsam dazugießen. Erneut auf den Herd stellen und bei mittlerer Hitze so lange schlagen, bis die Masse etwas eindickt.
Die Creme anschließend abkühlen lassen, dabei immer wieder einmal umrühren. Mit dem Waldmeister-Likör abschmecken und in die Eismaschine füllen. Wer eine solche nicht hat, kann das Eis auch in einer ausreichend großen Plasteform im Tiefkühlfach zubereiten. Masse mindestens 6 Stunden frosten und dabei alle 30 Minuten kräftig durchrühren. Zum Servieren mit frischem Waldmeister garnieren.

1 Handvoll Waldmeister ohne Blüten
500 g Schlagsahne
4 Eigelb
50 g Zucker
30 cl Waldmeister-Likör

»Unser erster Kühlschrank, so Anfang der 50er-Jahre, der hatte noch kein Kühlaggregat. Der hatte hinten nur ein Eisfach und unten ist das Schmelzwasser abgelaufen. Wir haben hier in der Altstadt gewohnt und ich bin als Kind immer zur Eisfabrik vom Fischkombinat gegangen. In so einem kleinen Eimer hab ich Eis geholt, Scherbeneis nennt man das heute. Und diese Eisbruchstücke wurden in das Eisfach vom Kühlschrank geschüttet. Das hielt ungefähr einen Tag kühl und dann musste ich wieder hin zur Eisfabrik.«

Karl-Friedrich Lindmeier
Jahrgang 1947, Inhaber »Zur Mole« in Sassnitz

Das Windland Wittow

Die nördlichste Landspitze von Rügen muss seit frühester Zeit schon eine besondere Faszination auf die jeweiligen Bewohner ausgeübt haben. Von drei Seiten steil zum Meer hin abfallend und für keinen Pfeilschuss erreichbar, musste sie nur gen Westen befestigt werden.

Vom 6. bis zum 12. Jahrhundert befand sich dort hinter einem mächtigen Burgwall das Heiligtum der slawischen Ranen. Es war ihrem Gott Svantevit gewidmet.

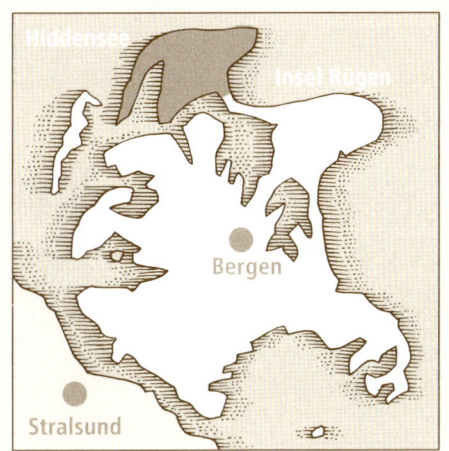

In dem Tempel soll eine überlebensgroße Statue des Götzen Svantevit gestanden haben, mit vier Köpfen in je eine Himmelsrichtung. In der Rechten hielt er ein metallenes Trinkhorn, in der Linken ruhte ein Bogen.

Immer zum Erntefest füllte der Priester das Horn des Gottes mit Wein und im Jahr darauf wurde daraus die Weissagung abgeleitet, wie die Ernte ausfallen würde: War keine Flüssigkeit verdunstet, so stand ein ertragreiches Jahr bevor. Fehlte jedoch etwas in dem Füllhorn, so standen magere Zeiten an, glaubten die Ranen.

Historische Quellen besagen auch, dass aus Gerste und Honig Met gebraut und bei kultischen Handlungen genossen wurde. Über viele Jahrhunderte hinweg währte die Zucht von Waldbienen auf Rügen.

Eine weitere Opfergabe an Svantevit war ein Kuchen, mit Weinmet zubereitet, der rund und groß genug war, einen stehenden Mann zu verdecken. Denn nur wenn der Priester hinterm Kuchen vom Volke nicht gesehen wurde, deutete das auf eine glückliche Ernte hin. Dann soll das Fest zu einem Schmause übergegangen sein, bei welchem Nüchternheit eine Hauptsünde war.

Im Jahre 1168 hatte der heidnische Kult ein Ende. Der dänische König Waldemar I. zog gen Rügen und vernichtete die Burg Arkona. Es gelang den Dänen, Feuer zu legen und die Ranen mussten sich ergeben. Der mit dem Heer reisende Bischof Absalon von Noschild tat ein Übriges, den Sieg unumkehrbar zu machen: Mit ihm nahm die Christianisierung der Insel ihren Anfang.

Seinem Geschichtsschreiber Saxo Grammaticus haben wir es immerhin zu verdanken, dass uns die damaligen Vorgänge überliefert wurden. Der von da an gebräuchliche Name Jaromarsburg bezieht sich auf den zum christlichen Glauben übergetretenen Ranenfürsten Jaromar I., der nach der Unterwerfung Rügens zum Vasallen des dänischen Königs Waldemar wurde.

Wind und Wetter meinten es nicht gut mit den Resten der alten Kultstätte. Im Laufe der Jahrhunderte rutschten immer wieder Teile davon bei Kliffabbrüchen mit der Kreideküste in die Ostsee und sorgten für weitere Untiefen vor dem Kap Arkona. Grund genug, zur Sicherheit für die Seefahrer an diesem markanten Punkt ein Leuchtfeuer zu bauen.

Nachdem Rügen im Jahr 1815 nach schwedischer Herrschaft an Preußen fiel, wurden Pläne vermutlich von Karl Friedrich Schinkel realisiert und damit bis 1828 einer der ersten Leuchttürme an der Ostseeküste erbaut. Es ist ein quadratischer Backsteinbau mit einer Aussichtsplattform.

Zuerst wurde das Leuchtfeuer mit Rüböl befeuert, später mit Petroleum. 1902 entstand in unmittelbarer Nachbarschaft noch ein höherer Leuchtturm. Er wurde bereits elektrisch betrieben und sein Blitzfeuer ist nachts nicht mehr nur acht wie das alte, sondern 24 Seemeilen weit übers Meer sichtbar.

Ganz einfache
Wassersuppe*

*aus der Rezeptsammlung von
Leuchtturmwärter Carl Eduard Schilling, Kap Arkona

Schneide das Gemüse klein, reinige die Petersilie und lege es gemeinsam in einen Topf. Tue geschnittenes Brot daran und bedecke alles mit Wasser. Lasse es weich kochen. Schlage die Suppe durch ein Sieb, gib Butter und Salz hinzu und lasse sie nochmals aufkochen. Bestreue zum Schluss mit gehackter Petersilie.

je 150 g Sellerie,
Petersilienwurzel und Porree
1 Bd. Petersilie
200 g altbackenes Brot
1 EL Butter
Salz

Ein Name ist mit dem Kap Arkona besonders eng verbunden: der des Leuchtturmwärters Schilling. Anfangs lebte Carl Eduard Schilling noch allein und in einem kleinen fensterlosen Raum im Leuchtturm selbst. Später aber kaufte er den umliegenden Acker und errichtete darauf ein Wohnhaus. Die Scheune wurde zum Logishaus umgebaut und um 1840 entstand »Schillings Gasthof«. Der Leuchtturmwärter galt als Rügener Original und man rühmte nicht nur seinen derben Humor, sondern auch seinen Wagemut, der etlichen Seeleuten das Leben rettete. Denn während der berüchtigten Herbststürme geriet so manches Schiff unterhalb von Arkona in Seenot und der Name Schillings ist eng mit der Einrichtung der ersten Seenotrettungsstation an der deutschen Ostseeküste verbunden. Seinen eigenen Sohn allerdings verlor er bei einer Rettungsfahrt. 1855 schrieb Schilling sogar ein Kochbuch, um »nahrhafte und wohlschmeckende Speisen auf gute und doch sparsame Art zu bereiten nebst einem Anhange, allerhand nützliche … Mittheilungen … enthaltend«.

Gefüllte Kohlrüben*

*aus der Rezeptsammlung von
Leuchtturmwärter Carl Eduard Schilling, Kap Arkona

Leer?!

Hierzu nimmt man ausgesuchte zarte Kohlrüben, schält alle harte Schale bis aufs Herz ab, so dass jede geschälte Kohlrübe die Größe einer Kaffeeobertasse behält. Oben wird ein Deckel herausgeschnitten, die Kohlrübe ausgehöhlt und nebst Deckel in Salzwasser abgekocht, doch dürfen sie nicht weich sein. Hierauf gießt man das kochende Wasser ab, spült einmal mit kaltem hinterher und hebt die Kohlrüben auf eine flache Schüssel zum Abtropfen. Nun bereitet man die Fülle auf folgende Art: Man nimmt von einer Mandel (etwa 15 Stück) Krebse die Schwänze, 2 abgekochte Kalbsbröschen (Bries), das gekochte Rindermark und 4 Eidotter, wiegt alles recht

4 kleine junge Kohlrüben
(Wruken)
200 g Krebsschwänze
2 Kalbsbries
das Mark aus 2 Rinderknochen
5 Eidotter
etwa 4 EL Semmelmehl
Muskatblüte, Zucker
1 l Fleischbrühe
1 EL Mehl

klein, rührt für sechs Pfennig geriebene Semmel, gestoßene Muskatblüte und ein wenig Zucker gut durcheinander. Mit dieser Masse füllt man die ausgehöhlten Kohlrüben, tut die Deckel darauf und bindet jede mit einem Faden Zwirn kreuzweise zusammen, damit der Deckel nicht abfällt. Nunmehr werden sie alle in einen Tiegel

gesetzt und in guter Fleischbrühe weich gekocht. Die übrigen Krebse stößt man klein, gießt etwas Fleischbrühe dazu und lässt sie gut auskochen. Dann gießt man sie wieder durch einen Durchschlag, quirlt sie mit einem Eidotter und etwas Mehl und lässt sie auf dem Feuer wieder ein wenig ziehen. Nun hebt man die weich gekochten Kohlrüben aus ihrer Brühe, setzt sie auf einer Schüssel ordentlich nebeneinander, gießt die Krebsbrühe darüber und trägt sie auf.

Eierkuchen mit Bückling*

*aus der Rezeptsammlung von
Leuchtturmwärter Carl Eduard Schilling, Kap Arkona

In einem Reiseführer um 1920 heißt es:

»Schillings Gasthof in Arkona, einfach, aber gut, Zimmer 1,25 M, Pension von 3,50 M an. Telegrafenamt und öffentliche Fernsprechstelle im Haus.«
Und von 1885 findet sich dieser Eintrag im Gästebuch des Wirtshauses von Gerhart Hauptmann:

Man nimmt 2 bis 3 Bücklinge, putzt die Gräten sauber heraus und wiegt sie auf einem Wiegebrett klein.
Dann setzt man Butter in einer Pfanne übers Feuer und lässt die Bücklinge ein wenig schmoren. Nun quirlt man Milch, Eier, Mehl und für 6 Pfennige geriebene Semmel, schüttet dies zu dem Bückling, rührt es gut untereinander und bäckt einen Kuchen daraus.

2-3 Bücklinge
(geräucherter Hering)
2 EL Butter
4 EL Milch
4 Eier
2 EL Mehl
etwa 4 EL Semmelmehl

»Meeresumschlungen und kreidegrün, märchendurchdrungen und heldenkühn. Herden im Haage, reifendes Feld, flüsternde Sage, Lug in die Welt.«

Auf die nämliche Art bäckt man Eierkuchen mit klein gewiegtem Fleisch oder Eierkuchen mit Speck. Man rührt eines von beiden unter die erstbeschriebene Masse und lässt sie backen.

Wittower Kohlpfanne
vom Rügenhof*

*Guten Appetit! wünschen Christa und Ernst Heinemann
vom »Rügenhof« in Putgarten

**Den Kohl in schmale Streifen und die Zwiebel in Würfel schneiden. Die Speckwürfel werden in etwas Schmalz in der Pfanne ausgelassen.
Kohl und Zwiebel dazugeben und kräftig anbraten. Würzen mit Salz und Pfeffer, Kümmel und Knoblauch. Das Ganze häufig umrühren und bissfest garen. Auf dem Rügenhof wird das Gericht meist mit kleinen, gebratenen Hackfleischklößchen und Brot oder Salzkartoffeln serviert. Dazu passt Kompott aus eingemachten Gartenfrüchten.**

1/2 Weißkohl
1/2 Wirsingkohl
150 g durchwachsener Speck
1 Zwiebel
Schmalz
Salz, Pfeffer, Kümmel
Knoblauch

Das alte Gutshaus in Putgarten ist das Reich von Christa Heinemann. Brauerei-, Mai- und Erntefeste ziehen im Wechsel der Jahreszeiten Scharen von Besuchern an. Natürlich auch wegen der rügentypischen Produkte. Seit 2006 gibt es hier sogar eine eigene Sanddorn-Plantage. Die vitaminsauren Früchte können nur mühsam handschuhbewehrt von den dornigen Büschen geschnitten werden.
Nach dem Putzen kommen die Triebe mit den leuchtend orangefarbenen Beeren zum Schockfrosten in die Tiefkühltruhe, damit sie sich anschließend von den Zweigen abschlagen lassen. Am Ende stehen aus dem Sanddorn Fruchtaufstriche, Sirup, Saft und Likör zum Kosten bereit. In Kliesows Hofbrennerei auf dem Mönchgut wird eigens ein Geist gebrannt. Und Sanddorn-Schinken soll der ganz große Renner beim Schlachtfest sein.
Im früheren Günther-Gutshof in Putgarten quieken schon längst keine Schweine mehr. Zeitgemäß wird auf dem Rügenhof heute das Geld mit Touristen verdient. Sie dürfen beim Korbflechten, Kerzenziehen, Töpfern oder Filzen in der hübsch sanierten Scheune zusehen und die Produkte vom Kap auch gleich mitnehmen.

Hackfleisch-Muffins

Kartoffeln schälen, in Salzwasser garen und abgießen. Mit Milch und Butter zu Kartoffelbrei stampfen, dabei mit Salz und etwas geriebener Muskatnuss abschmecken.

Die Frühlingszwiebeln in feine Ringe und den Knoblauch in kleine Würfel schneiden.

Öl in einer Pfanne erhitzen und beides kurz anschwitzen.

Dann das Hackfleisch dazugeben und kräftig braten. Ist es schön krümelig, Tomatenmark und Senf sowie die gehackten Kräuter unterrühren. Mit Salz und Pfeffer kräftig abschmecken. Vom Feuer nehmen, etwas abkühlen lassen und die Eier dazugeben. Backpapier in etwa 10x10 Zentimeter große Stücke

600 g Kartoffeln
100 ml Milch, 1 EL Butter
500 g Gehacktes, Pfeffer
1 Bd. Lauchzwiebeln, Salz
1 Knoblauchzehe
1 EL Tomatenmark
1 EL süßer Senf, Muskatnuss
1/2 Bd. Thymian, 2 EL Öl
1/2 Bd. Petersilie, 2 Eier
100 g geriebener Käse

schneiden und die Mulden einer Muffin-Form damit auskleiden. In jede Mulde 1 EL Hackfleisch geben, darauf 1 EL Kartoffelbrei setzen. Mit geriebenem Käse bestreuen und für etwa 25 Minuten bei 200 Grad in den Backofen schieben. Die letzten 5 Minuten übergrillen, damit der Käse eine schöne Kruste bildet.

Die herzhaften Muffins zu deftigen Kohlgerichten oder mit einem grünen Salat reichen. Sie eignen sich auch sehr gut für Picknicks im Freien.

Wittower Kohlpfanne
aus Varnkevitz*

*Guten Appetit! wünscht Doris Simanowski,
Mitinhaberin vom Hotel »Moritzdorf«

Zuerst müssen der Kohl grob geschnitten und die Strünke entfernt werden. Dann in kochendem Wasser portionsweise blanchieren. Das Fleisch in Streifen schneiden und den Speck würfeln. Speck in der Pfanne ausbraten, dann die Fleischstreifen kurz mit anschmoren.
Den Kohl hinzufügen und bei kräftiger Hitze weiterbraten. Mit Salz, Pfeffer und Kümmel würzen und wenn es fertig ist, kurz mit etwas Brühe ablöschen. Das Charakteristische dieses Gerichtes ist, dass der Kohl bissfest bleibt und nicht geschmort wird. Am besten passen dazu mehligkochende Salzkartoffeln.

1/2 Weißkohl
500 g Schweinelachs (Kotelettfleisch)
100 g magerer Speck
Salz
Pfeffer
Kümmel

Kohl baute man auf Wittow erstmals um 1935 auf dem Parchower Gut an. Nach dem Krieg wurde der Kohlanbau ausgedehnt, auf bis zu 300 Hektar erntete die spätere LPG Rot- und Weißkohl. Mit der Wende ging der Bedarf schlagartig zurück. Heute baut die Agrar GmbH Wittow-Süd das Gemüse gerade noch auf knapp 20 Hektar an. Dabei hat der Wittower Kohl eine besonders ausgezeichnete Qualität: Bedingt durch das Seeklima weisen die Rügener Kohlköpfe eine sehr feine Blattstruktur auf. Außerdem wächst der Kohl hier im Norden ohne künstliche Bewässerung. Der Tau der nahen Ostsee reicht aus, um ihn in besonders festen Köpfen und mit ausgeprägtem Aroma reifen zu lassen.

Pfanne!

Wildente
auf Liebstöckelkraut

Die Wildenten-Teile kräftig mit Salz und Pfeffer einreiben. In einen Bräter legen und mit der Hälfte der Gemüsebrühe angießen. Bei 120 Grad in den Backofen schieben und mindestens 2 Stunden langsam weich braten. Nach der Hälfte der Garzeit die restliche Gemüsebrühe hineingießen.

Den Weißkohl putzen, achteln, vom Strunk befreien und grob hacken. In einer Pfanne die Margarine auslassen und den Kohl darin kräftig anschmoren. Mit Salz und Zucker bestreuen und leicht karamellisieren lassen. Essig und Gemüsefond in den Topf geben und etwa 30 Minuten auf kleiner Flamme weiterschmoren.

Brust und Keulen von
2 Wildenten
1 l Gemüsebrühe
Salz, Pfeffer, 1 EL Butter
1 EL Mehl, 30 ml Madeira
1 kleiner Weißkohl
2 Stängel Liebstöckel
50 g Margarine, 3 EL Essig
2 EL Zucker
250 ml Gemüsefond

Liebstöckel abbrausen, trocken schütteln, die Blätter von den Stängeln zupfen und klein hacken. Unter den Kohl ziehen, aber nicht mehr kochen lassen. Brüste und Keulen aus dem Bräter herausnehmen, mit der Hautseite nach oben auf ein Backblech legen und bei 200 Grad knusprig fertig braten.

Den Bratenfond in eine Kasserolle umfüllen, eventuell etwas einkochen lassen. Kalte Butter mit Mehl verkneten und in kleinen Flocken unter den Fond schlagen, um ihn anzudicken. Mit Madeira, Salz und Pfeffer abschmecken und zum Wildentenfleisch und dem Kohl reichen. Dazu passen Klöße.

Rosenkohl-Eintopf

Rosenkohl putzen, große Köpfchen halbieren. Kartoffeln schälen und würfeln. Fleisch trocken tupfen und in mundgerechte Stücke schneiden. Zwiebeln und Knoblauch abziehen und beides fein hacken. Schließlich noch die Möhren schälen und in Scheiben schneiden.

Das Fett in einem großen Topf auslassen, die Fleischwürfel darin von allen Seiten kräftig anbraten. Zwiebeln und Knoblauch hineingeben und kurz mitbraten. Mit der Brühe ablöschen.

500 g Rosenkohl
750 g Kartoffeln
500 g Rindfleisch
2 Zwiebeln
2 Knoblauchzehen, 2 Möhren
50 g Margarine
1/2 l Fleischbrühe
1 Lorbeerblatt
Majoran, Petersilie
Salz, Pfeffer, Pimentpulver

Gemüse und Lorbeerblatt zufügen. Topf mit einem Deckel verschließen und auf kleiner Flamme etwa 30 Minuten schmoren lassen.

Mit Salz, Pfeffer und etwas gemahlenem Piment würzig abschmecken.

Zum Schluss Majoran und gehackte Petersilie darüberstreuen.

163

Kohleintopf

Speck, Würste und Schweinefleisch mit reichlich kaltem Wasser bedecken und aufkochen. Abschäumen, dann die mit den Nelken gespickte Zwiebel in den Topf geben. Alles mindestens 1 Stunde garen lassen.
Brühe durch ein Sieb gießen, Fleisch würfeln. Den Kohl putzen, waschen und vierteln. Den harten Strunk herausschneiden und dann alles klein hacken. Kartoffeln und Möhren schälen und würfeln. In einem großen Topf die Margarine auslassen und den Kohl darin anschwitzen, zwischendurch mit etwas Zucker bestreuen. Beginnt das Gemüse Farbe anzunehmen, mit der Brühe ablöschen. Jetzt das übrige Gemüse hinzufügen und

250 g durchwachsener Speck
2 Knackwürste
500 g Schweinekamm
1 Zwiebel, 2 Nelken
1 kl. Weißkohl
4 Kartoffeln, 2 Möhren
2 EL Margarine
4 TL Kümmel oder
getrockneter Thymian
Zucker, Salz

so viel Brühe auffüllen, dass ein dicker Eintopf entsteht.
Mit Kümmelkörnern oder Thymian bestreuen und bei geschlossenem Deckel 20 bis 30 Minuten köcheln lassen.
Kurz vor Ende der Garzeit die klein geschnittenen Fleischeinlagen zum Aufwärmen in den Eintopf geben. Zum Schluss mit Salz abschmecken.

»Ich war früher Feldbaubrigadier bei der LPG. Zur Kohlernte ging es schon früh raus. Immer neun oder zehn der Kohlfrauen gingen nebeneinander in einer Reihe übers Feld und haben die Kohlköpfe geerntet. Manche mit einem Messer, manche mit so einem Hackbeil, womit jede lieber arbeitete. Nebenher fuhr immer ein Traktor mit Hänger. Von dort lief ein Förderband quer über die Reihen, worauf die Frauen die Kohlköpfe legten. Und das ist ein richtiger Knochenjob, die ganze Zeit gingen sie praktisch gebückt übers Feld. Einen Kopf abschneiden, aufs Band legen, einen Kopf abschneiden … Und das Ganze wurde nur auf Leistung bezahlt. Wollten sie einigermaßen verdienen, musste jede an die acht Tonnen in acht Stunden schaffen! Meine Aufgabe war es, dafür zu sorgen, dass alles lief. Dass die Hänger pünktlich rankamen und schnell Hilfe zur Stelle war, wenn was kaputtging. Und das war öfter mal der Fall.
Ob ich Kohl mag? Fast jede Woche gibt's bei uns Kohl, was Bessres gibt es nicht!«

Wilfried Stüwe

aus Schmantevitz, Jahrgang 1932

Gebratene Flunder
mit Blattsalat*

*Rezept von Rita Stahnke

Die Flundern ausnehmen, die **Flossen abschneiden und gründlich unter laufendem Wasser abspülen.**
Danach salzen, mit Zitronensaft beträufeln und etwas ziehen lassen. Die Fische in Mehl wälzen und anschließend in sehr heißem Öl knusprig braten.
Für die Sauce eine Mehlschwitze mit Butter bereiten, salzen und mit Wasser ablöschen. Mit Essig und Zucker leicht süß-sauer abschmecken.
Für den grünen Salat ein Dressing aus Buttermilch, Zucker und Zitrone anrühren. Kurz vor dem Essen über die gewaschenen und zerpflückten Salatblätter gießen. Dazu werden Salzkartoffeln serviert.

4 Flundern
1 Zitrone
3 EL Mehl
2 EL Butter
Öl
Salz, Zucker, Essig
Buttermilch

»**E**inmal – wir Frauen waren grad am Strand und haben Heringe aus den Netzen gepukt – kam doch tatsächlich der Armeegeneral Heinz Hoffmann vorbei, der Verteidigungsminister der DDR. Er unterhielt sich mit uns ganz nett und am Ende fragte ihn eine der Frauen, ob sie ein paar Fotos machen dürfe. Zu unserem Erstaunen hatte er nichts dagegen. Hinterher aber kam einer von seinen Leuten und hat gesagt: ›Wir nehmen den Film jetzt raus und schicken Ihnen die Fotos zu.‹ Ehrlich gesagt hat keiner von uns damit gerechnet, aber nach einer Weile kamen tatsächlich einige Fotos mit der Post.«

Rita Stahnke

Jahrgang 1930, Vitt

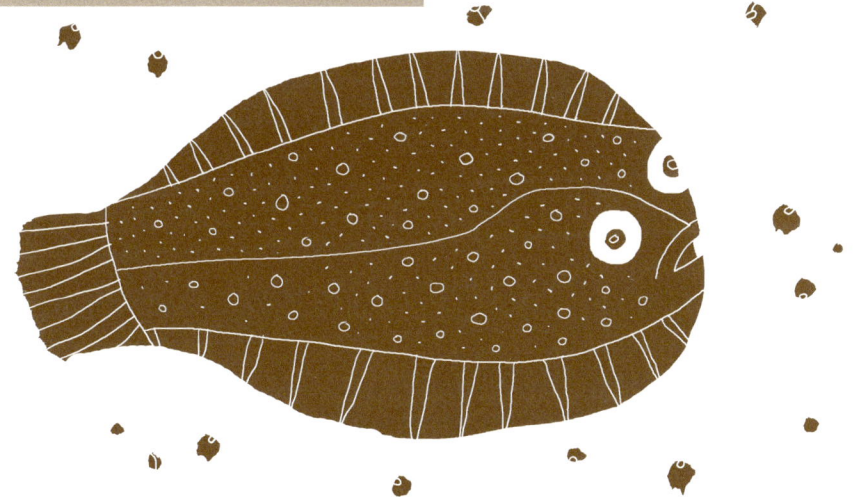

Schmoraal

Die Aale am Kopf vorsichtig
einschneiden ohne die Haut
dabei ganz zu durchtrennen.
Dann die Haut in einem Zug
abziehen. Die Eingeweide entfernen, gründlich abspülen und
salzen. Die Fische in 2-3 cm
lange Stücke schneiden und
mit Mehl bestäubt in der Pfanne
anbraten.
Die Zwiebeln in kleine Würfel
schneiden und gleichfalls mit
anrösten. In einem Topf etwas
Wasser erhitzen, Aalstücke und
Zwiebeln kurz darin aufkochen
lassen.
Eine halbe Tasse kaltes Wasser
mit 1-2 EL Mehl verrühren,
das Gericht damit andicken und
die Gewürze hinzufügen.
Bei Bedarf nachsalzen.

4 kleine Aale
2 Zwiebeln
Margarine oder Öl
3 EL Mehl
2 Lorbeerblätter
6 Pimentkörner
10 Pfefferkörner
Salz

»›Dreier-Aal‹, so nennt man den
kleinsten, nur daumendicken Aal.
Mit dem ist nicht viel zu machen.
Zum Räuchern ist er zu dünn –
da wird er trocken, und nicht viel
mehr als die Gräte bleibt übrig.
Mein Vater war Fischer, und wenn es
viele kleine Aale gab, kochte meine
Mutter Schmoraal. Im Frühjahr gab
es dazu Rhabarberkompott.
Das ist ein ganz einfaches Rezept,
aber ich selbst koche es heute noch
genauso. Denn es schmeckt dann
auch wie früher und erinnert mich an
meine Kindheit.«

Ute Ortmann

Jahrgang 1954, Breege

Dorschklopse
nach Fischer Bredow

*Guten Appetit! wünscht die Fischerfamilie Bredow aus Vitt

Den Dorsch im Ganzen auf-kochen, dann enthäuten und entgräten.
Das Toastbrot einweichen und ausdrücken, die Zwiebel vierteln. Fisch, Brot und Zwiebel anschließend durch den Fleisch-wolf drehen und mit dem Ei sowie Salz und Pfeffer zu einer breiigen Masse verkneten. Daraus Klopse formen und bra-ten. Serviert werden sie mit Bratkartoffeln und einer Gewürz- oder Salzgurke.

1 Dorsch
1 Scheibe Toastbrot
1 Zwiebel
1 Ei
Salz und Pfeffer
pro Portion je 1 Gewürz- oder
Salzgurke

Wruken-Eintopf
aus Kuhle*

*Guten Appetit! wünscht Ullrich Tredup
aus dem »Schifferkrug« in Kuhle

Das Bauchfleisch in gesalzenem Wasser zum Kochen bringen. Die Wruke schälen, schnippeln und nach etwa 40 Minuten dem Fleisch zufügen. Die gewürfelten Kartoffeln, Mohrrüben und Sellerie sowie Majoran und Thymian etwas später hineingeben. Wenn das Fleisch gar ist, die Bauchscheiben herausnehmen und würfeln. Eine Mehlschwitze mit Butter, Salz und Pfeffer bereiten und die Suppe damit binden. Mit dem Kartoffelstampfer das Gemüse etwas quetschen, so dass ein paar Kartoffeln und Möhren noch als Stücke zu erkennen sind. Zum Schluss das Fleisch wieder hineintun.

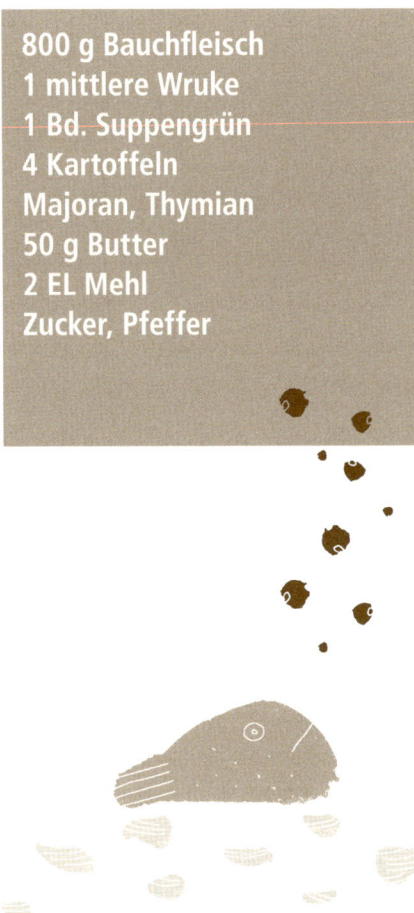

800 g Bauchfleisch
1 mittlere Wruke
1 Bd. Suppengrün
4 Kartoffeln
Majoran, Thymian
50 g Butter
2 EL Mehl
Zucker, Pfeffer

Bemerkenswert wird der winzige Ort Kuhle durch seinen schilfgedeckten »Schifferkrug«. Der erste Ausschank in diesem Hause ist in der Wieker Kirchenchronik bereits für das Jahr 1455 vermerkt, so dass es sich um die verbürgt älteste Gastwirtschaft Rügens handeln dürfte. Zwischenzeitlich war der Krug auch Poststation, nebenan verrichtete der Schmied sein Handwerk und es konnten hier die Pferde gewechselt werden.

Ulli Tredup kam 1979 nach Kuhle. Für 695 Mark im Monat war er beim »Konsum« angestellt und machte aus dem Imbiss mit Bockwurst und Spiegelei eine richtige Gaststätte. Zu Anfang brachte er sogar Töpfe und Schüsseln von zu Hause mit, da der »Konsum« nicht genug Geschirr bereitstellte. 1992 kaufte er den »Schifferkrug« von der Treuhand.

Soljanka*

*Guten Appetit! wünscht Ullrich Tredup
aus dem »Schifferkrug« in Kuhle

Die Knochen mindestens 90 Minuten kochen, dann die Brühe durchseihen. Wurst und/oder Fleisch in kleine Stücke schneiden und auch Tomaten, Paprikaschote und saure Gurken sehr fein würfeln und in der Brühe garen. Das Tomatenmark dazugeben und mit den Gewürzen abschmecken. Auf dem Teller werden zum Servieren noch der Klecks saure Sahne und je eine Zitronenscheibe zugegeben.

1 kg Fleischknochen vom Schwein, 500 g Jagdwurst und/oder mageres Fleisch 400 g Tomaten, 1 Paprikaschote, 100 g Tomatenmark 3 saure Gurken, Paprikapulver, 2 Lorbeerblätter, Piment Salz, Pfeffer, Zucker, Essig 1 Klecks saure Sahne, pro Portion eine Scheibe Zitrone

Wer heute den Schankraum vom »Schifferkrug« betritt, fühlt sich mindestens 20 Jahre zurückversetzt. Von der Decke baumeln originale Schiffspetroleumlampen von alten Segelschiffen und rings in den Vitrinen stapelt sich ein buntes Sammelsurium von DDR-Überbleibseln. »Das bringen mir die Urlauber«, schmunzelt der Chef. So führen hier Mitropa-Geschirr und Barock-Tintenfaß, ein »Neues Deutschland« und sogenannter Goldstaub wie ein Trabant-Unterbrecher ein viel bestauntes zweites Leben. Das Fischernetz unter der Decke bevölkern getrocknete Piranhas, Schwert- und Sägefische sowie ein Knurrhahn: »Großes Maul und nix dahinter«, wie Ulli Tredup grinsend erklärt.

Passend zum Interieur stehen auf der Speisekarte bodenständige Gerichte, neben hiesigen auch Soljanka. Den »besten Gulasch meines Lebens« hat Tredup übrigens gekocht, als er abends mal vergessen hatte, die Gasflamme ganz abzuschalten und der große Topf die ganze Nacht vor sich hin geköchelt hat ...

Heringshäckerle

Die Salzheringe über Nacht wässern. Am nächsten Tag die Filets voneinander trennen und die Gräten entfernen, abspülen und trocken tupfen. Die Heringsfilets erst in schmale Streifen, dann in Würfel schneiden. Eier hart kochen, gemeinsam mit der Gurke und den ungeschälten, entkernten

4 küchenfertige Salzheringe ohne Kopf
2 Eier
1 saure Gurke
2 Äpfel
2 Zwiebeln
4 EL saure Sahne
1 TL Senf
weißer Pfeffer
1 Prise Zucker

Äpfeln sowie der Zwiebel ebenfalls fein würfeln.
Alles in einer Schüssel mischen. Saure Sahne, Senf und Gewürze verrühren und mit den übrigen Zutaten vermengen. 1 bis 2 Stunden zugedeckt durchziehen lassen.

Häckerle!

Breeger Aalsuppe
nach Art des Hauses

*Guten Appetit! wünschen Küchenchef Mario Pukowski und sein Team »Zum Alten Fischer« in Breege

Die Aale abziehen, ausnehmen, säubern und salzen, dann in 2 Zentimeter lange Stücke schneiden.
Sellerie und Möhren würfeln, Porree in Ringe schneiden. Die Butter in einem großen Topf auslassen und das Suppengrün anschwitzen. Mit 2 l Wasser ablöschen und die klein gewürfelten Kartoffeln hinzugeben. Mit den Gewürzen fast gar kochen. Dann die gesalzenen Aalstücke hineingeben und nur noch leicht köcheln lassen. Mit Pfeffer abschmecken und am Ende die fein gehackte Petersilie darüberstreuen.

2 Aale
800 g Kartoffeln
1 Bd. Suppengrün
Petersilie
Butter, Mehl, Piment
2 Lorbeerblätter
10 Pfefferkörner
Salz

Süße Brotsuppe

Das Brot einweichen und durch einen Durchschlag treiben oder pürieren.
Dann in etwa einem Liter Wasser ansetzen und Butter, Zucker, je eine Prise Salz und Zimt sowie den Saft und die abgeriebene Schale der Zitrone dazugeben. Die Äpfel schälen, in kleine Stücke schneiden und mit den Rosinen zur Suppe geben. Am Schluss mit der Sahne verfeinern.

6 Scheiben altbackenes
Schwarzbrot
30 g Butter
40 g Zucker
1 ungespritzte Zitrone
Zimt, Salz
30 g Rosinen
2 Äpfel
3 EL Sahne

»**A**ls ich noch Kind war, sind wir von Wiek nach Stralsund immer mit dem Dampfer gefahren. Das ging viel schneller als über die schlechten Straßen oder mit der Bahn.
Ein besonderes Erlebnis war es immer, wenn wir mit den Eltern in der Vorweihnachtszeit nach Stralsund durften. Gleich früh kurz vor 7 ging es los. Auf dem Dampfer wurde Gemüsebrühe verkauft und ab Dranske gab's auch Kaffee für 25 Pfennig.
Was dazu musste man sich aber selber mitbringen. Kaum waren wir aus dem Hafen raus, wollten meine Schwester und ich immer gleich Brause.
Aber sie musste rot oder grün sein, die weiße mochten wir nicht so.
Das Größte für uns waren die weihnachtlich geschmückten Schaufenster in Stralsund. Manchmal haben die Eltern oben bei Wertheim dann einen Kaffee getrunken, aber wir Kinder haben uns die Nasen vor den herrlichen Märchen-Schaufenstern plattgedrückt. Natürlich haben wir die ausgestellten Sachen nicht bekommen, aber das war damals für uns nicht wichtig.«

Elfriede Langmann

Jahrgang 1919, Wiek

Pommersche Biersupp

Das Bier mit Zimt und Zitronenschale in einen Topf geben, langsam erwärmen und abschäumen. Mehl, Zucker und Milch verrühren und zugießen. 5 Minuten köcheln lassen. Kardamom und 1 Prise Salz zugeben, Zimtstange und Zitronenschale entfernen.

Eigelb mit etwas Suppe in einer Tasse verquirlen. Den Topf von der heißen Platte ziehen und die Eier einrühren. Die Suppe darf nicht mehr kochen. Das Toastbrot würfeln, in Butter goldgelb rösten und zum Anrichten auf die Suppe streuen.

1/2 l helles Bier
1 Stange Zimt
Schale von 1/2 unbehandelten Zitrone
1/4 l Milch, 1 EL Mehl
80 g Zucker
1 Msp. Kardamom
4 Eigelb, Salz
2 Scheiben Toastbrot
etwas Butter

Zitronensuppe
mit Schneeklößchen

Die Schale der Zitrone spiral-förmig abschälen und in 1 Liter Wasser aufkochen, dann die Schale herausnehmen. Die Rosinen abspülen, mit Zucker und einer Prise Salz in das Zitronenwasser legen. Den Grieß einstreuen und 10 Minuten quellen lassen. Zitronensaft zufügen und mit Zucker abschmecken. Eigelb mit etwas Suppe in einer Tasse verquirlen und in den Topf zurückgeben. Gut umrühren und nicht mehr kochen lassen. Für die Schneeklößchen das Eiweiß mit 1 TL Zucker steif schlagen. Mit zwei angefeuchteten Teelöffeln kleine Nocken abstechen und auf die heiße Suppe setzen.

1 unbehandelte Zitrone
1/8 l Zitronensaft
70 g Zucker
20 g Rosinen
40 g Grieß
2 Eigelb, Salz

Für die Schneeklößchen:
2 Eiweiß, 1 TL Zucker

Schnee!

Fliederbeersupp

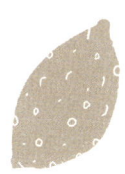

Die Holunderbeeren abspülen und dann in 1/2 Liter Wasser zum Kochen bringen. Nach etwa 5 Minuten durch ein Sieb streichen. Die Äpfel vierteln, die Kerngehäuse entfernen und in dünne Scheiben schneiden. Mit Apfelsaft, Zitronenschale und Salz 10 Minuten auf kleiner Flamme köcheln lassen. Die Speisestärke mit etwas Wasser verquirlen und zum Andicken in die Suppe geben. Unter Rühren noch einmal aufkochen und die Holundermasse zugeben. Mit Zucker und Zitronensaft abschmecken. Die Suppe mundet warm oder kalt.

150 g Holunderbeeren
300 g Äpfel
1/2 l Apfelsaft
abgeriebene Schale von einer unbehandelten Zitrone
Zitronensaft
Zucker
20 g Speisestärke
Salz

Löwenzahnsalat

Löwenzahn war in der Volksküche ein beliebtes Blattgemüse – nicht nur zu Notzeiten, wenn man auf gekauften Salat verzichten musste. Am besten schmecken im Frühjahr die ersten jungen Triebe des wild wachsenden Krautes. Man erntet sie vorsichtig mit einem scharfen Messer und möglichst ohne Erde, denn beim Waschen verlieren die zarten Blättchen viel an Aroma und Konsistenz. Suchen Sie auch nur an solchen Stellen, wo der Löwenzahn weder Autoabgasen noch chemischen Unkrautvertilgungsmitteln oder Gassi geführten Hunden ausgesetzt ist. Im Gegensatz zu anderen Blattsalaten muss Löwenzahn mit seiner Salatsauce erst einige Zeit durchziehen, bevor man ihn auf den Tisch bringt. Man kann ihn gut mit Sauerampfer und Spinatblättern kombinieren.

Löwenzahnblätter nur waschen, wenn sie deutliche Verunreinigungen aufweisen. Die Zwiebel auf einer feinen Reibe raspeln, mit Essig sowie je einer Prise Salz und Zucker verrühren. Zum Schluss das Öl untermischen. Die Sauce über die Salatblätter gießen und einige Zeit durchziehen lassen.

4 Handvoll Löwenzahnblätter
1 kleine Zwiebel
5 EL Rapsöl
3 EL Apfelessig
Salz
Zucker

Tollatschen

Die Brötchen in Wasser einweichen. Die Rosinen überbrühen, 2 Minuten ziehen lassen, dann abtropfen und leicht ausdrücken. Den Speck fein würfeln. Die Brötchen ausdrücken und mit dem Schweineblut, Mehl, Zucker, Rosinen, Speck, Thymian und je einer Prise Salz, Anis und Zimt zu einem Teig verkneten. Klöße formen und in der heißen Wurstbrühe garen lassen. Entweder isst man die Tollatschen gleich warm oder lässt sie abkühlen, schneidet sie in Scheiben und brät sie in Schweineschmalz. Die entkernten und in Scheiben geschnittenen Äpfel können in der Pfanne gleich mitgedünstet werden.

4 helle Brötchen
70 g Rosinen
1/4 l frisches Schweineblut
70 g durchwachsener Speck
80 g Mehl
60 g Zucker
1,5 l Wurstbrühe
gekerbelter Thymian
gemahlener Anis, Zimt, Salz
4 große Äpfel

Hans Fallada war ein großer Freund von Tollatschen. So schwärmte er: »Tollatschen, das ist eben süße Blutwurst mit Rosinen und Mandeln gebraten. Sparsam genossen, sind sie ein recht schönes Schlachtessen!« In seiner Erzählung »Das Wunder des Tollatsch« beschreibt er deren Zubereitung in der Gutsküche zu mitternächtlicher Stunde. Tollatschen waren also im Mecklenburgischen ebenso bekannt und beliebt wie auf Rügen, wo Fallada auch einige Jahre in Gudderitz lebte. Das Wort Tollatschen soll übrigens aus dem Slawischen kommen und so viel wie »runder Kuchen« bedeuten.

Toll!

Himmel und Erde

Himmel!

Kartoffeln und Äpfel schälen. Aus den Äpfeln Kerngehäuse entfernen und in kleine Stücke schneiden.
Getrennt kochen: Die Kartoffeln in wenig Salzwasser, die Äpfel etwa 15 Minuten in gezuckertem Wasser mit Zitrone. Wenn beides gar ist, die Kartoffeln abgießen und mit der angewärmten Milch zu Kartoffelbrei stampfen. Äpfel abgießen und die Stückchen vorsichtig unter den Kartoffelbrei heben.
Mit Salz und Pfeffer abschmecken. Den gewürfelten Speck auslassen. Die Zwiebeln in Ringe schneiden und in dem Fett rösten. Alles über das Kartoffel-Apfel-Gemisch geben.

1 kg mehligkochende Kartoffeln
1 kg säuerliche Äpfel
150 g durchwachsener Bauchspeck
2 Zwiebeln
1 Tasse Milch
Zitrone
Salz, Pfeffer, Zucker
Blut-, Leber- oder Lungwurst

Dazu gibt es je nach Belieben hausgemachte Lungwurst, Blut- oder Leberwurst in Scheiben. Als Alternative zur Wurst passen auch Spiegeleier dazu. Und statt der Äpfel kann man das Rezept mal mit Birnen probieren.

Erde!

Kloppschinken

Den Schinken in etwa 4 Millimeter dicke Scheiben schneiden oder gleich vom Schlachter schneiden lassen. Dann wie ein Schnitzel klopfen oder mit dem Daumenballen flach drücken und 2 Stunden in mit Muskat gewürzte Milch einlegen.

Nach dem Abtropfen im verquirlten Ei und anschließend in den Semmelbröseln wälzen. Von beiden Seiten in der Pfanne jeweils 2 bis 3 Minuten goldgelb braten.

300 g roher Schinken
1/4 l Milch
100 g Semmelbrösel
1 Ei
Margarine oder Butterschmalz
Muskat
Salz, Pfeffer

Kloppe!

Reis-Speise
vom »gesegneten Strand«

Reis in die Milch schütten und zusammen aufkochen, dann den Reis langsam ausquellen lassen. Die Hälfte des Zuckers, Zitronenschale, Zimt und die aus der Schote gekratzte Vanille dazugeben und gelegentlich umrühren. Ist der Reis gar, zieht man die eingeweichte, ausgedrückte Gelatine unter und lässt alles lauwarm abkühlen. Die Sahne steif schlagen, dabei den restlichen Zucker einrieseln lassen. Das Schnäpschen und die Sahne mit dem Reis vermischen und in Förmchen füllen. Sechs Stunden in den Kühlschrank stellen. Zum Servieren mit reichlich gehackten kandierten Früchten oder einer Fruchtsauce bekrönen.

150 g Rundkorn-Reis
700 ml Milch
100 g Zucker, 15 g Gelatine
1 Gläschen Arrak oder Maraschino
700 g Sahne
Schale von 1 Bio-Zitrone
1 Stange Zimt
1 Schote Vanille
kandierte Früchte

Das Leben der Bauern und Fischer war karg und selten stand etwas auf dem Speiseplan, was nicht auf den heimischen Äckern und in den eigenen Ställen gedieh. Doch die zerklüfteten Küstengewässer rund um die Insel sorgten dafür, dass manches Frachtschiff sank oder Ladung verlor. Strandräuberei war für die Rügener etwas Selbstverständliches. Zwar war das Strandgut Eigentum des Landesherrn, doch der saß weit weg und fragte wohl auch selten nach. Die Schiffsunglücke brachten Genüsse wie Rum, Wein, exotische Früchte oder Gewürze. Kein Wunder, dass besonders vor Feiertagen viele Gebete für einen »gesegneten Strand« gemurmelt wurden.

Hiddensee

Hiddensee, das seepferdchenförmige Eiland vor der Westküste Rügens, zog zu allen Zeiten die Menschen in seinen Bann. Darunter viele Maler und Schriftsteller, Schauspieler und Regisseure, aber auch einfach Urlauber, die dem Charme der Insel erlagen. Und immer wieder neu erliegen.

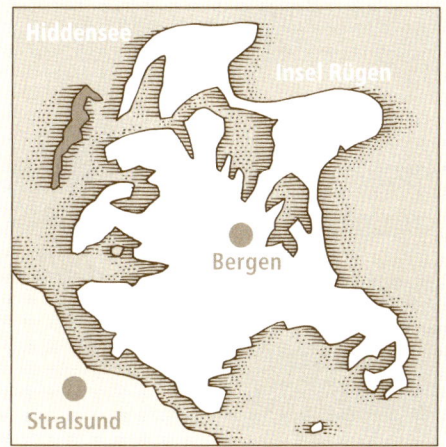

Was macht Hiddensee nur so einzigartig? Es scheint schwierig, diese Frage erschöpfend zu beantworten. Festzustehen scheint aber: Wer einmal auf dem »söten Länneken« war, der kommt entweder nie oder immer wieder. Irgendetwas zwischen ursprünglicher Abgeschiedenheit und verzauberter Weite, zwischen scheinbarer Anspruchslosigkeit und selbst auferlegtem Verzicht scheint es zu sein, das die Seele berührt. Und das es unmöglich macht, diese unerklärliche Sehnsucht und die Farben des Lichtes auf diesem kleinen Eiland je wieder zu vergessen.

Der Zauber der Insel erschließt sich dabei sicher nicht im Massengedrängel der Tagestouristen, die die Insel allsommerlich wie Heuschrecken überfluten, wenn nicht gar zu erdrücken drohen. Die stilleren Tage des Frühjahrs und des Herbstes sind es, die den Genuss erst möglich machen: das Kreischen der Möwen, der salzige, oft tosend-derbe Wind, die klaren Farben, der Duft nach geräuchertem Fisch.

Neben dem Tourismus ist der Fischfang nach wie vor ein wichtiger Erwerb der Inselbewohner. Diente der Fang aus dem Meer früher notwendigerweise dem Überleben, so dürfen sich heute die Gäste der frischen Fischgerichte erfreuen. In der Vergangenheit mussten die Bewohner Hiddensees beizeiten im Jahr Vorsorge für den Winter treffen. Denn niemand wusste, ob Schnee und Eis die Verbindung nach Rügen und zum Festland nicht unmöglich machen würden. Hiddenseer waren also Spezialisten im Haltbarmachen von verderblichem Fisch und Fleisch. Im Herbst gefangener Aal wurde eingesalzen. Nach dem Ausnehmen kam der reichlich gesalzene Fisch in Fässer und war dadurch fast ein ganzes Jahr haltbar. Vor dem Verzehr musste er dann aber mindestens 24 Stunden gewässert werden. Besonders verbreitet war auch das Sauerkochen von Fisch oder Fleisch. Man kochte es mit allerlei Gewürzen, schmeckte es sehr sauer mit Essig ab und schichtete es in einen Steintopf. An einem kühlen Ort aufbewahrt, hielt es sich viele Wochen.

Besonders wichtig war natürlich die Hausschlachtung im Herbst – wenn man es sich leisten konnte. Alles, was man nicht frisch verzehrte, wurde sehr einfallsreich haltbar gemacht. Da wurde dann gepökelt und geräuchert und Schmalz, Schinken und Speck standen auf dem Tisch.

Nach Hiddensee zu gelangen, war für Besucher nicht selten ein Wagnis. Vor gut hundert Jahren mussten sie sich vom Tourenschiff Stralsund-Breege/Wittow ausbooten lassen. Ein Fährmann brachte die Gäste mit seinem Ruderboot an das flache Ufer der vorgelagerten Fährinsel.

Ob er nun bereit war, die weiblichen Passagiere über den schmalen Wasserweg auf die Insel zu tragen, soll immer vom Aussehen und nicht zuletzt wohl vom Gewicht der Damen abhängig gewesen sein.
Die Herren mussten ohnehin die Hosen hochkrempeln und waten. Später wurden Pferdefuhrwerke eingesetzt. Da war die Zahl der Hiddensee-Besucher noch übersichtlich.

Feld-Wald-und-Wiesen-Salat

Nüsse in einer Pfanne ohne Fett leicht anrösten, dann abkühlen lassen.
Zwiebeln pellen, halbieren und in feine Streifen schneiden.
In etwas Fett auf kleiner Flamme glasig dünsten, dann ebenfalls abkühlen lassen. Wildkräuter verlesen, nur bei stärkerer Verschmutzung vorsichtig abbrausen und trocken schütteln.
Salat mit Nüssen und Zwiebelstreifen vermengen. Auf Tellern anrichten, einige Blüten zur Garnierung an den Rand legen.
Aus Saft, Essig, Öl, Salz und Pfeffer eine Marinade bereiten und löffelweise darüberträufeln.

80 g Walnusskerne
2 rote Zwiebeln, 1 TL Öl, Salz, Pfeffer
200 g frisch gesammelter Wildsalat
(z. B. Löwenzahn, Wegerich, Gänseblümchen, junge Fichtenspitzen, Pimpinelle, Veilchen, Rauke, Huflattich, Feldsalat, Kapuzinerkresse)
200 g milder Blauschimmelkäse
3 EL Apfelsaft
3 EL Apfelessig, 3 EL Walnussöl

Wichtig beim Ernten des Wildsalates: Er darf keinen Auspuffgasen oder Düngemitteln ausgesetzt gewesen sein.
Das autofreie Hiddensee bietet also beste Voraussetzungen, unverdorbene Pflanzen zu finden.

Gänse-Weißsauer

Die Gänsekeulen abspülen und im Gelenk durchschneiden. Von den Flügeln nur die fleischigen Enden verwenden. Suppengrün putzen und klein schneiden. In einem großen Topf die Kalbsknochen und das Gänsefleisch mit Salz, den Zwiebeln und Suppengrün zum Kochen bringen und abschäumen.
Die Gewürze zugeben und auf kleiner Flamme 75 bis 90 Minuten köcheln lassen.

1-1,5 kg Gänsefleisch
(Keulen und Flügel)
1 Bd. Suppengrün
1,5 kg Kalbsknochen
2 Zwiebeln
2 Lorbeerblätter
5 Pimentkörner, Salz
1/4 l Essig

Das Gänsefleisch hinausnehmen und nach dem Abkühlen die Haut abziehen.
Die Brühe noch etwa 60 Minuten auf kleiner Flamme reduzieren lassen, dann durchseihen und die Kalbsknochen entfernen.
1 l Brühe abmessen, Essig zugeben und über die Gänsekeulen und Flügel gießen.
Kalt stellen und erstarren lassen.

Im August 1795 lenkte der preußische Oberconsistorialrath Johann Friedrich Zöllner seine Schritte über Rügen und Hiddensee. Dem Umstand, dass er der daheimgebliebenen Gattin in seinen Briefen ausführliche Reiseberichte anvertraute, haben wir ein sehr detailliertes Bild von den Lebensumständen der damaligen Zeit zu verdanken: »Auch in ein eigentliches Bauernhaus gingen wir. Die Bäuerin wollte sich in kein Gespräch mit uns einlassen, sondern rief sogleich ihren Mann. Sobald dieser gegenwärtig war, nahm sie das Wort und sprach weit mehr als er. Seine Antworten waren meistenteils kurz und mit einer Miene begleitet, die zu verstehen gab, daß unsere Neugierde ihm lächerlich und verdrießlich zugleich sei …
Die Küche war dergestalt voll Rauch, daß wir kein Auge darin öffnen konnten. Das müsse sein, sagte der Bauer, um Schinken, Fische und Netze zu räuchern.«

Zöllner's Reise durch Pommern nach der Insel Rügen und einem Teile des Herzogtums Mecklenburg, im Jahre 1795: In Briefen. Original der Landesbibliothek Mecklenburg-Vorpommern

Gänseragout
in Wacholderrahm

Ganz? *Halb!*

Das Gänsefleisch waschen, abtrocknen und von der Haut befreien. Mit Salz, Pfeffer, Majoran und Beifuß würzen. Schmalz in einem Bräter erhitzen und die Gänsestücke von allen Seiten anbraten. Die Wacholderbeeren und das klein geschnittene Suppengrün dazugeben und kurz mit anschwitzen. Mit der Brühe auffüllen, den Bräter mit einem Deckel verschließen und für 90 Minuten bei 180 Grad in den Ofen schieben. Die Schalotten schälen, fein hacken und in der ausgelassenen Butter anschwitzen. Das Mehl darüberstäuben und ebenfalls kurz anbräunen. Mit Madeira ablöschen und die Sahne dazugießen. Unter ständigem Rühren einmal aufwallen lassen

und vom Herd nehmen. Das fertige Gänsefleisch aus dem Bräter heben, von den Knochen lösen und in Streifen schneiden. Den Bratenfond durch ein Sieb gießen, noch etwas einkochen und dann unter die Sahnesauce ziehen. Mit Salz und Pfeffer abschmecken. Das Gänsefleisch in der Rahmsauce erwärmen und mit Majoranblättchen bestreuen.

1 Gänsekeule, 1/2 Gänsebrust
Salz, Pfeffer
je 1 EL gekerbelter Majoran und Beifuß
Gänsefett zum Braten, 2 EL Wacholderbeeren
1 Bd. Suppengrün, 1 Zwiebel
1 l Geflügelbrühe, 100 g Schalotten
4 EL Butter
2 EL Mehl, 50 ml Madeira, 200 ml Sahne
1/2 Bd. frischer Majoran

Gegen Ende des 19. Jahrhunderts lockte das in seiner herben Naturschönheit fast unberührte Eiland nicht nur Heimat- und Naturforscher, sondern nach und nach immer mehr Schriftsteller und Maler, Poeten und Schauspieler an. Hiddensees Ruf als Künstlerinsel war begründet. Heute längst vergessene, aber auch noch immer berühmte Namen zieren die Gästebücher der einstigen Sommer-Pensionen:
Asta Nielsen und Joachim Ringelnatz, Sigmund Freud, Anna Seghers und Helene Weigel, Gustav Gründgens und Carl Zuckmayer, Franz Kafka und Albert Einstein, Billy Wilder und Gottfried Benn …

Aal blau
mit Sauce hollandaise

Einer der bekanntesten Hiddensee-Gäste war der Dramatiker und Literaturnobelpreisträger Gerhart Hauptmann (1862-1946).
Er kam 1885 zum ersten Mal auf die Insel und war so fasziniert, dass er später fast jeden Sommer hier verbrachte. Der bezeichnenderweise oft als »Insel-König« titulierte Hauptmann vermählte im Juni 1928 seinen Sohn Benvenuto mit der Prinzessin Elisabeth von Schaumburg-Lippe auf Schloss Dwasieden bei Sassnitz. Der fürstliche Festschmaus zog sich über Stunden hin, weil die Gäste zwischendurch immer wieder in die Ostsee baden gingen. Über die genaue Speisefolge ist nichts bekannt. Aber es ist überliefert, dass Hauptmanns gern Fisch blau aßen.

Den Aal ausnehmen, reinigen, aber nicht häuten. In 15 cm lange Stücke schneiden, leicht salzen und in eine Schüssel legen. Den Essig erhitzen und über die Fischstücke gießen, so dass sich die Haut blau färbt. Aal im Essigbad erkalten lassen. In der Zwischenzeit reichlich Salzwasser mit der Hälfte des Weines, Lorbeerblatt, Pfefferkörnern und einer in Scheiben geschnittenen Zitrone zum Kochen aufsetzen. Möhre und Petersilienwurzel schaben, waschen, halbieren und in den Sud geben. Wenn alles kocht, den Aal hineingleiten lassen und etwa 20 Minuten auf kleiner Flamme gar ziehen. Für die Sauce hollandaise das Eigelb mit dem restlichen Weiß-

1,2 kg frischer Aal
1/4 l Essig, 2 l Wasser
2 EL Salz, 1 Zwiebel
60 ml Weißwein
1 Lorbeerblatt
6 Pfefferkörner, 1 Zitrone
1 Möhre, 1 Petersilienwurzel
2 Eigelb, 120 g Butter
Worcestersauce, Zitronensaft
1 Bd. Dill

wein schaumig schlagen und im Wasserbad langsam erhitzen. Esslöffelweise ausgelassene, lauwarme Butter hineinschlagen. Mit einem Spritzer Worcestersauce, Salz, Zucker und Zitronensaft abschmecken. Den Dill waschen, trocken schütteln, fein hacken und unter die Sauce ziehen, dabei 2 EL fürs Garnieren zurückbehalten.

Die Aalstücke vorsichtig aus dem Sud heben und auf einer Platte anrichten. Mit gehacktem Dill bestreuen und dazu die Sauce hollandaise und Salzkartoffeln reichen.

Möhrenkuchen

Die zimmerwarme Butter mit dem Zucker schaumig rühren und Möhren, Vanillezucker, Zitronenschale und Salz hinzufügen. Das mit dem Backpulver vermischte Mehl abwechselnd mit der Milch unterrühren. Den Teig in einer gefetteten Springform etwa 60 Minuten bei 180 Grad backen.

335 g Weizenmehl
165 g geriebene rohe Möhren
150 g Zucker
3 EL Butter
60 ml Milch
abgeriebene Schale von
1 unbehandelten Zitrone
2 Pck.Vanillezucker
1 Pck. Backpulver
Salz

1924 weilte Thomas Mann mit seiner Familie auf Einladung von Gerhart Hauptmann auf Hiddensee. Man residierte gemeinsam in der Pension »Haus am Meer«, doch das Zusammensein der beiden Künstler scheint nicht so ersprießlich verlaufen zu sein. Katia Mann erinnerte sich an den besagten Sommer folgendermaßen: »Unsere Nachbarschaft in Hiddensee war etwas ärgerlich, weil Hauptmann doch der König von Hiddensee war … Wir wohnten im Haus am Meer, ›seinem‹ Haus, hatten aber mit den übrigen Gästen im Speisesaal zu essen und bekamen sehr mäßiges Essen, … wohingegen Hauptmann köstliche Speisen auf die Zimmer hinaufgetragen wurden. Das Ganze war etwas verdrießlich.«
Das Ende vom Lied war, dass die Manns vorzeitig abreisten.
Und Thomas Mann, der auf Hiddensee am letzten Teil seines Romans »Der Zauberberg« arbeitete, karikierte Hauptmann in der Figur des Mynheer Peeperkorn. Hauptmann soll nicht amüsiert gewesen sein.

Schneller Mandelkuchen

Backofen auf 180 Grad vorheizen. Butter, Zucker, Salz und Orangenschale in einer Rührschüssel schaumig schlagen. Eier einzeln einrühren. Mandeln, Mehl und Backpulver mischen. Abwechselnd mit einem Schuss Sahne unterziehen.

Für den Teig:
200 g weiche Butter
150 g Zucker
1 Prise Salz
abgeriebene Schale von
1 Bio-Zitrone
4 Eier, 100 g Mehl
100 g gemahlene Mandeln
1 Pck. Backpulver
125 g Sahne

Für die Streusel:
300 g Mehl
200 g Mandelblättchen
200 g Mandelstifte
250 g Butter
250 g Zucker

Ein Backblech von der Größe 30 x 30 Zentimeter gut fetten. Sollte man kein solches besitzen, mit Hilfe eines Randes aus gefalteter Alufolie ein großes Blech verkleinern, die Folie dann aber mitfetten. Den Teig darauf glatt streichen.
Für die Streusel alle Zutaten mischen, zum Schluss die Butter in Flocken aufsetzen.

Mit den Händen vermengen. Streusel auf dem Teig verteilen. In den Ofen schieben und je nach gewünschtem Bräunungsgrad 35 bis 45 Minuten backen. Herausnehmen und nach dem Auskühlen in fingerlange, zwei Zentimeter dicke Stücke schneiden.

Saure-Sahne-Kringel

Aus Mehl, Butter, Sahne und Salz einen Mürbeteig kneten und in Frischhaltefolie gewickelt etwa eine halbe Stunde kalt stellen. Den Teig auf leicht bemehlter Fläche etwa 1/2 Zentimeter dick ausrollen und unterschiedlich große Ringe ausstechen. Mit in Wasser verdünntem Eigelb bestreichen und je nach Geschmack mit Hagelzucker oder Mandelsplittern bestreuen.

Auf einem mit Backpapier ausgelegten Blech auf mittlerer Schiene 10-20 Minuten bei 180 Grad backen. Die Dauer der Backzeit richtet sich danach, wie dick der Teig ausgerollt wurde.

150 g saure Sahne
200 g Mehl
150 g Butter
1 Eigelb
1 Prise Salz
gehackte Mandeln oder
Hagelzucker zum Bestreuen
Mehl zum Ausrollen

Ringel!

Auch Asta Nielsen, die dänische Diva der Stummfilmzeit, verliebte sich in das Eiland unter dem »unfassbar hohen und blauen Himmel«, so dass sie dort 1929 ihr eigenes Haus bezog. Seiner runden Gestalt wegen »Karusel« getauft, ging es offenbar auch rund bei den berühmten Gästen des Stummfilmstars. Asta Nielsen scheint die perfekte Gastgeberin für ihre illustren Besucher wie Joachim Ringelnatz, Heinrich George oder Paul Wegener gewesen zu sein.

Selbst berichtete die Diva: »Im allgemeinen fanden sie sich gegen drei Uhr ein. Dann stellten wir Tische und Stühle ins Gras, etwas anderes gab es nicht um mein Haus. Das Mädchen lief mit Kaffeekannen ein und aus; es gefiel ihr, daß die mit Kringeln des Insel-Bäckers gefüllten Schalen sich so rasch leerten. Einige Gäste blieben hin und wieder zum Abend. Räucheraal und Flundern waren Hauptbestandteil der Mahlzeit. In dieser Gegend war alles so gesegnet einfach. Nach dem Essen versammelten wir uns am Kamin um die große Kupferbowle … und die Unterhaltung hub an.«

Asta Nielsen
in »Die schweigende Muse. Lebenserinnerungen«
VEB Hinstorff Verlag, 1961

Omas Hefekringel

Die Rosinen in eine Schüssel mit heißem Wasser legen und einige Zeit einweichen. 200 ml Wasser und die Milch leicht erwärmen und miteinander vermischen. Dann die Hefe in der lauwarmen Flüssigkeit durch Rühren auflösen. Zucker und Salz dazugeben und verrühren. Ein Drittel des Mehls mit einem Rührgerät einarbeiten. Ein weiteres Drittel des Mehls dazugeben und wieder verrühren. Nun die zimmerwarme Butter in Flöckchen unter den Teig geben und mit dem restlichen Drittel des Mehls verkneten. Falls der Teig kleben sollte, etwas Mehl dazugeben. Die Schüssel mit einem Küchentuch abdecken und an einem warmen Ort 1,5 bis 2 Stunden gehen lassen. Da-

1 kg Mehl, 500 ml Milch
200 ml Wasser
1 Pck. frische Hefe
1 EL Zucker
1 EL Salz
125 g zimmerwarme Butter
50 g Rosinen
Mehl für die Arbeitsfläche

nach muss sich das Volumen des Teigs verdoppelt haben. Anschließend aus dem Teig nacheinander kleine Kugeln formen. Diese auf bemehlter Fläche zu ca. 15 cm langen Würsten rollen. Nun aufgepasst: Das linke Ende der Rolle wird mit der linken Hand auf dem Tisch festgehalten. Mit der rechten Hand rollt man die Wurst, so

dass sie sich nach ein paar Umdrehungen wölbt und in der Mitte kräuselt, so entsteht ein Kringel. Die Enden unter dem Kringel verstecken und aufs Backblech setzen. Nun müssen die Kringel erneut etwa 1 Stunde ruhen. Nach der Gehzeit werden die Kringel im vorgeheizten Ofen bei 200 Grad 15 bis 18 Minuten goldbraun gebacken.

Aalsuppe
mit Kartoffeln vom Leuchtturm

Porree in Ringe sowie Sellerie, Möhren und Kartoffeln in kleine Würfel schneiden. Alles zusammen in Hühnerbrühe ansetzen und kochen, bis es fast gar ist. Grob durchstampfen. Den ausgenommenen, gesäuberten Aal in fingerlange Stücke schneiden und 20 Minuten in der Suppe gar ziehen lassen.

3 fingerdicke Aale
1 Stange Porree
1 kleiner Sellerie mit Grün
1 Zwiebel
1 Bd. Möhren
600 g Kartoffeln
2 l Hühnerbrühe
1 Bd. Petersilie
Pfeffer, Salz

Mit Salz und Pfeffer abschmecken. Zum Schluss reichlich klein gezupfte Petersilie darüberstreuen.

Hiddensee hatte die Besonderheit, dass ab 1963 gleich zwei Leuchtturmwärter-Paare auf dem Dornbusch im Wechsel ihren Dienst versahen. Eins davon waren Ingeborg und Walter Hoerenz, beide Leuchtfeuermaschinisten, wie der Beruf korrekt heißt. 37 Jahre lang versah Walter Hoerenz seinen Dienst auf Hiddensee, ehe er 1998 als dienstältester und letzter Leuchtturmwärter Deutschlands in den wohlverdienten Ruhestand ging. So weit abseits der Zivilisation, umtost vom Meer, ohne Laden um die Ecke und fließend Wasser war das sicher kein behagliches Leben. Aber sie genügten sich selbst, zogen vier Kinder groß und lebten mit der Freude an der Weite der Ostsee vor ihren Blicken – an klaren wie an stürmischen Tagen. Und wenn sich zu den Geburtstagen Freunde und Verwandte ankündigten, wurde die legendäre Aalsuppe im großen Topf angesetzt. Denn da der Besuch meist kleckerweise aus Stralsund oder Schaprode übersetzte, wurde gegessen, wie jeder ankam. Besonders wichtig sind die Servietten, da die Aalstücke mit der Hand gegessen werden. Die Gemüsebeilagen stammten alle aus dem eigenen großen Garten.

Hering anders
nach alter Fischerart*

*Guten Appetit! wünscht Ramona Zynda
vom Gasthaus »Zum Klausner«

Die Heringe filetieren, mit Salz und Pfeffer würzen und mit reichlich Senf bestreichen. Dann in Mehl wälzen und kross braten. Den Porree in kleine Ringe schneiden und in Butter dünsten. Mit Muskat und Salz abschmecken und nicht zu weich werden lassen.
Dann auf dem Teller ein Lauchbett anrichten und den Hering darauflegen, dazu Salzkartoffeln reichen.

**2-3 große Heringe pro Person
400 g Porree
50 g Butter
oder Kräuterbutter
Mehl, Senf
Muskat
Salz, Pfeffer**

»**H**iddensee war Liebe auf den ersten Blick. Alles war so frei und unbeschwert. Damals habe ich in Berlin gearbeitet, im Friedrichstadtpalast. Durch Zufall lernte ich den Restaurantchef vom Klausner kennen. Er lud mich ein, hier zu arbeiten. Kurzerhand habe ich gekündigt und hier als Buffet-Leiterin angefangen. Das war im März 1989. Die Unterkünfte waren zu der Zeit noch denkbar einfach: überbelegt und mit ›Waschschüsselservice‹, also nicht mal fließend Wasser. Eine Dusche gab's im Keller, aber nur für gute Gäste.
Trotzdem war die Stimmung klasse. Ich hätte nie gedacht, dass ich das Betriebsferienheim der Berliner Metall- und Halbzeug-Werke nach der Wende mal kaufen würde. Zum Glück hab ich damals nicht gewusst, wie viel Ärger und mühevolle Arbeit auf mich zukommen würden, dann hätte ich es vielleicht nie gemacht. Aber wen die Insel erst mal eingefangen hat, mit ihrem eigenen Rhythmus, den Klippen und Salzwiesen, mit ihrem Charme und der Idylle – den lässt sie nicht mehr los.«

Ramona Zynda

Jahrgang 1961, auf dem Dornbusch

Hecht im Speckmantel aus dem Ofen*

*Guten Appetit! wünscht Arno Schnorrenberg,
Küchenchef im Hotel »Hitthim« in Kloster

Beim Rezept vom Hecht im Speckmantel handelt es sich um ein altes Hausrezept aus Vitte.
Früher wurde es vor allem im Spätsommer zubereitet, wenn es frischen Hecht gab.

Den ausgenommenen Hecht säubern und von eventuell noch vorhandenem Schleim befreien, dann salzen und pfeffern. Den Backofen auf 170 Grad vorheizen. Einen Bräter mit etwas Öl einfetten. Mit Scheiben von Speck und Zwiebeln auslegen. Einige Stücke Zwiebel zurückbehalten und mit dem Zweig Thymian in den Bauch des Hechtes legen. Den Fisch dann in den Bräter betten und dicht an dicht mit weiteren Speckscheiben belegen. In den Ofen schieben und langsam garen lassen. Den Fond, der sich dabei am Boden des Bräters bildet, immer wieder mal über den Hecht gießen. Je nach Größe und Dicke des Fisches beträgt die Zubereitungszeit 60 bis 90 Minuten.

> 1 Hecht (1,5 - 2 kg, ohne Kopf und Flossen)
> 250 g Frühstücksspeck
> 200 g Zwiebeln
> Öl für den Bräter
> Salz, Pfeffer, 2 EL Ketchup
> 1 EL Senf, 1 EL Olivenöl
> 1 Zweig Thymian
> Petersilie, Dill
> frische Kräuter der Saison

Sollten Zwiebeln und Speck während des Bratens zu dunkel werden, die Temperatur etwas reduzieren. Kurz vor dem Ende eine Mischung aus Ketchup, Senf und Olivenöl herstellen und den Fisch damit bestreichen. Den Ofen auf 250 Grad hochschalten oder die Grill-Funktion benutzen, damit sich eine schöne Kruste bildet.

Den Hecht dann auf einer Platte anrichten und mit den glasierten Zwiebeln umlegen. Fein gehackte Kräuter dick darüberstreuen. Dazu passen geschwenkte Kartoffeln und ein knackiger Salat oder frisches Buttergemüse. Man kann auch anderen Fisch für dieses Rezept verwenden, sollte jedoch darauf achten, dass er festes Fleisch hat und nicht so leicht auseinanderfällt.

Schmorhecht
à la Martin Müller*

*Guten Appetit! wünscht Martin Müller,
Küchenchef »Zum Enddorn« in Grieben

Die Hecht-Filets auf restliche Gräten untersuchen und in heißem Pflanzenöl anbraten. Mit dem Wein ablöschen, zudecken und mit zerkleinerten Lauchzwiebeln, Bärlauch und Paprika etwa 20 Minuten bei kleiner Hitze köcheln lassen. Die Steinpilze putzen, klein schneiden und mit Zwiebeln und Majoran leicht anbraten. Mit Salz und Pfeffer abschmecken und zum Hecht geben. Fünf Minuten reduzieren lassen, damit die Sauce sämiger wird. Mit Rosmarinkartoffeln servieren.

300 g Filet vom Ostseehecht pro Person
1 Bd. Lauchzwiebeln
2 rote Paprika
800 g Steinpilze
1 Zwiebel, Majoran, Pfeffer etwas Salbei, Bärlauch
1/4 l Weißwein
4 cl Weinbrand
Gewürzsalz, Kurkuma

Das Gasthaus »Zum Enddorn« gibt es seit 1898. Es ist damit die älteste Kneipe Hiddensees, die heute noch in Betrieb ist. An den Wänden der drei Gasträume sind an die 250 maritime Gemälde und Fotos verteilt. Schiffsmodelle und Fischernetze, Reusen und präparierte Fische gehören zum urigen Inventar. Und laut Küchenchef Martin Müller kommt nur das, was rund um die Insel schwimmt, hier auch in die Pfanne.

Zanderfilet
unter der Mandelkruste
auf Zitronengras-Sud*

*Guten Appetit! wünscht Andre Heilmann
von der Gaststätte »Godewind« in Vitte

Die Fischfilets salzen und in einer Pfanne glasig braten. Die gehackten Mandeln mit einer fein gewürfelten Knoblauchzehe, Zitronensaft und etwa 3 EL grob gehackter Petersilie vermischen.

Mit 1 TL klein geschnittenem Chili und gemahlenem Koriander würzen. Weißwein und Schmelzkäse unterheben und die Masse auf die vorgebratenen Zanderstücke streichen. In den Backofen schieben und gratinieren, bis der Käse zerläuft und sich eine goldgelbe Kruste bildet. Für die Sauce das Zitronengras klein schneiden, mit Anis, Pfefferkörnern und Salz in den Fischfond geben. 20 Minuten auf kleiner Flamme köcheln lassen. Dann abseihen und mit

> 4 Zanderfilets, 100 g gehackte Mandeln
> 1 Knoblauchzehe, 1 EL Zitronensaft
> 1/2 Bd. glatte Petersilie
> 1 Chilischote, 1/2 TL gemahlener Koriander
> 150 ml Weißwein, 250 g Schmelzkäse (z. B. von Milkana)
> 4 Stangen Zitronengras, 1 Sternanis
> 6 Pfefferkörner, Salz
> 200 ml Fischfond, 200 ml Sahne
> 1 Frühlingszwiebel, 2 Tomaten, 1 EL Stärkemehl
> 1 TL frischer gehackter Koriander

Sahne verfeinern. Die restliche gehackte Chilischote, die klein geschnittene Frühlingszwiebel und die geschälten und gewürfelten Tomaten andünsten und unterziehen. Mit Stärkemehl binden und mit frisch gehacktem Koriander bestreuen. Den Zitronengras-Sud zu den fertig überkrusteten Zanderfilets reichen.

Flunder süß-sauer

Die Flundern waschen, ausnehmen und leicht salzen. Nacheinander braten und abwechselnd mit den Gewürzen in ein Gefäß schichten.
Die Zwiebeln abziehen, in Scheiben schneiden und im Bratfett der Flundern leicht andünsten, dann zum Fisch geben.
Wasser und Essig mischen, über die Flundern gießen und alles abkühlen lassen. Fest zugedeckt und kalt gestellt sind die süß-sauren Flundern drei bis vier Tage haltbar.
Brathering kann auf dieselbe Weise hergestellt werden.

8 kleine Flundern
2 Zwiebeln
350 ml Weinessig
350 ml Wasser
1 TL Pfefferkörner
1 Lorbeerblatt
6 Pimentkörner
Salz
1 TL Zucker
Fett zum Braten

süß!

sauer!

Fritz Mann, der älteste Kutscher von Hiddensee, war unbestritten ein Original. Er hat mehr als 50 Jahre auf dem Kutschbock zugebracht. Ob Baumaterial oder Lebensmittel – alles hat er seit 1954 per Hand vom Schiff auf die Kutsche verladen und mit zwei PS in den Orten verteilt. Mit der Wende sattelte Fritz Mann auf Touristen-Fahrten um. Wenn die Tagesausflügler morgens von der Fähre strömten, stand er parat und rumpelte mit dem vollen Planwagen Richtung Enddorn. Geschäftstüchtig war er und die nötige Spur kauzig. Er konnte die Gäste stundenlang mit Geschichten unterhalten. Der Kutschbock war sein Leben. Seine Frau Ursula versorgte die Wirtschaft, zog die vier Kinder groß und hatte ein wachsames Auge auf alles. Wenn Fritz abends mal den Weg aus der Kneipe nicht fand, da konnte sie durchaus wütend dort auftauchen. Und Fritz kannte seine Frau offenbar gut, denn bevor sie den Mund recht auftun konnte, ist er »wie ein Fiedelbogen nach Haus geflitzt«. Ursula Manns Augen leuchten warm, wenn sie die alten Geschichten erzählt. Fast hätten sie noch Diamantene Hochzeit feiern können, das wären 60 gemeinsame Jahre gewesen.

Salzaal
in scharfer Senfsauce*

*Guten Appetit! wünscht Karin Schlieker,
Inhaberin der Gaststätte »Zur Boje« in Neuendorf

Die gewässerten Aale in fingerlange Stücke schneiden, in kaltem Wasser ansetzen und zum Kochen bringen.
Eine Mehlschwitze aus Butter und Mehl bereiten, ablöschen und den Senf zugeben. Wichtig ist, dass reichlich Sauce entsteht. Die Senfsauce mit Zucker, Pfeffer und Salz abschmecken und über den gegarten Aal geben. Dazu gibt es Salzkartoffeln.

4 Salzaale
50 g Butter
1 EL Mehl
100 g körniger Senf
100 g scharfer Senf
Zucker
Pfeffer, Salz

»Im Februar, wenn es so richtig knackig kalt ist – am besten mit Eis und Schnee – dann wird bei uns Salzaal gegessen. Das ist in unserer Familie so Tradition und das machen wir jedes Jahr. Meine Cousins, die sind Fischer, die besorgen den Aal im Oktober. Und zwar Blankaal, also besonders dicken, fetten Aal. Der wird ausgenommen, in Salz eingelegt und vor dem Kochen dann 24 Stunden gewässert. Salzaal ist auf alle Fälle gewöhnungsbedürftig im Geschmack und den mag bestimmt nicht jeder. Aber wir freuen uns jedes Jahr schon richtig drauf. Und hinterher gibt es dann traditionell Schokoladenpudding mit Mandeln und Vanillesauce.«

Karin Schlieker

Jahrgang 1968, aus Neuendorf

Schokoladenquark

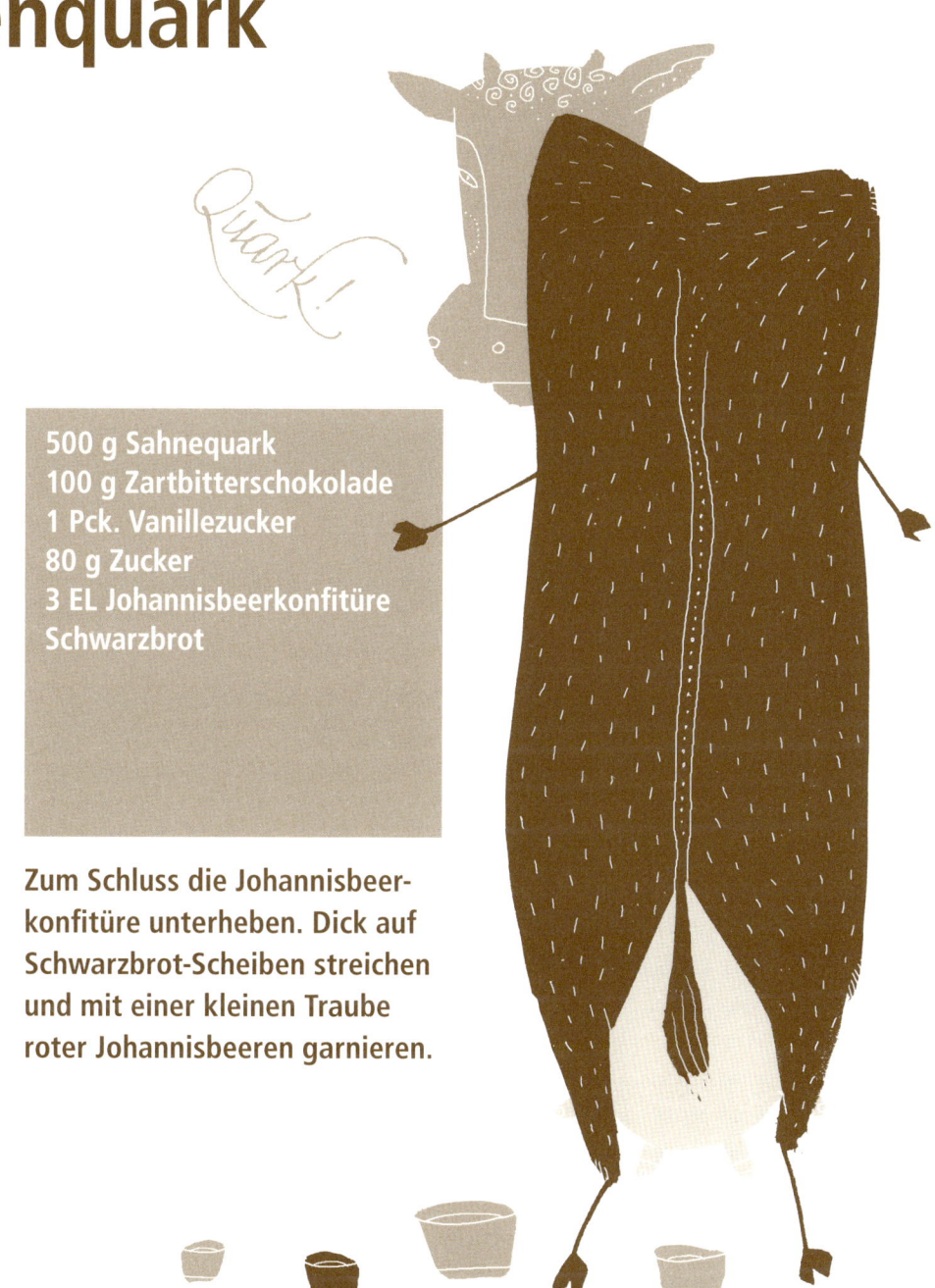

Den Quark aus dem Kühlschrank nehmen und einige
Zeit stehen lassen, damit er
etwa Zimmertemperatur hat.
Mit Zucker und Vanillezucker mischen. Die Schokolade in Stücke
brechen und im heißen Wasserbad langsam schmelzen. Unter
den Quark rühren.

500 g Sahnequark
100 g Zartbitterschokolade
1 Pck. Vanillezucker
80 g Zucker
3 EL Johannisbeerkonfitüre
Schwarzbrot

Zum Schluss die Johannisbeerkonfitüre unterheben. Dick auf
Schwarzbrot-Scheiben streichen
und mit einer kleinen Traube
roter Johannisbeeren garnieren.

Flunder
mit Stachelbeeren*

*Guten Appetit! wünscht Ines Ballstädt,
Köchin in der Gaststätte »Zur Boje« in Neuendorf

Die Flundern säubern, die Köpfe entfernen, salzen und pfeffern. Dann auf der dunklen Seite der Flunder jeweils eine große Tasche einschneiden. Die Fische in Mehl wälzen, abschütteln und auf beiden Seiten braten. Stachelbeeren aus dem Glas abtropfen lassen. Frische Früchte waschen und von den Stielansätzen und Blütenkränzen befreien. Den Zucker im Topf karamellisieren lassen, mit Apfelsaft ablöschen und die Beeren hinzufügen.

**Pro Person 1 Flunder
4 EL Mehl
Salz, Pfeffer
400 g Stachelbeeren
50 g Zucker
100 ml Apfelsaft**

Alles auf kleiner Flamme köcheln und etwas reduzieren lassen. Jeweils eine Flunder auf dem Teller anrichten und die Tasche mit den Stachelbeeren füllen. Die säuerlichen Stachelbeeren nehmen bei diesem Gericht den Platz der sonst üblichen Zitrone ein. Dazu Brat- oder Petersilienkartoffeln reichen.

Penne mit Lamm und Spinat*

*Guten Appetit! wünschen die Köche
Gerald Schneider & Marion Arendt aus dem
»Kleinen Inselblick« in Kloster

Den Lammrücken in Streifen
schneiden, mit Rosmarin
und dem gehackten Knoblauch
in Butter anbraten und mit
dem frischen oder gefrorenen
Spinat durchschwenken.
Mit Brühe auffüllen und die
Sahne zugeben. Auf kleiner
Flamme etwas einkochen lassen.
Inzwischen die Penne in reichlich Salzwasser garen.
Am Ende den Mozzarella klein
würfeln, unter die Fleischpfanne
heben und das Ganze mit
Pfeffer und Salz abschmecken.

500 g Lammrücken
250 g Penne, 250 g Spinat
160 g Mozzarella
200 ml Sahne
200 ml Gemüsebrühe
4 Knoblauchzehen
1 Zwiebel
50 g Butter
frischer Rosmarin
Pfeffer, Salz

Seit 1997 gibt es auf Hiddensee eine Wetterstation und von Anfang an ist Stefan Kreibohm der häufigste »Wetterfrosch« vom Dienst. Er wertet die Daten aus dem ganzen Land aus und sorgt im regionalen Radio und Fernsehen jeden Tag für den ausführlichen Wetterbericht. Wenn er sich dann abends von den Bildschirmen mit all den Wetterkarten losreißt, kehrt er gern mal im »Kleinen Inselblick« bei Franz Freitag ein. Die gemütliche Kneipe ist schon deshalb einen Besuch wert, weil jegliches Inventar nebst Büchern, Bildern und Nippes zum Verkauf steht. Außerdem ist das Essen nicht nur bei den Urlaubern beliebt. Hier trifft man außerhalb der Hochsaison auch oft Einheimische. Viel geredet werden muss da nicht, schon gar nicht übers Wetter. Penne mit Lamm und Spinat kann man durchaus auch schweigend genießen, meint zumindest Stefan Kreibohm.

Sanddorncreme

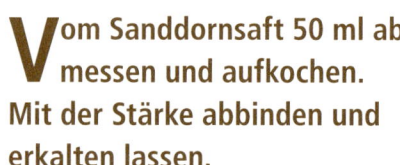

Vom Sanddornsaft 50 ml abmessen und aufkochen.
Mit der Stärke abbinden und
erkalten lassen.
Die Eier trennen. Eigelb mit dem
Zucker schaumig schlagen und
unter kräftigem Rühren den
restlichen Sanddornsaft zugeben.
Das Eiweiß steif schlagen und
mit der Schlagsahne vermischen.
Unter den abgebundenen Sanddornsaft nun die aufgeschlagenen Eigelbe und das Eiweiß-
Sahne-Gemisch heben.
In Glasschälchen mit einem winzigen Tupfer Sahne verzieren.

8 Eier
125 g Zucker
300 ml Sanddornsaft
2 EL Stärke
100 ml Schlagsahne

Dorn!

Citronen-Creme
nach Auguste Schwartz

Die Eier trennen. Das Eigelb mit Zucker wird 15 Minuten lang gerührt, dann alles andere dazu, zuletzt den steif geschlagenen Eiweißschnee.

6 Eier
6 EL Zucker
den Saft von 2 und
die Schale von 1 Zitrone
ein wenig Weißwein
oder Rum
6 Blatt aufgelöste Gelatine

»Als Waldemar Schwartz um 1905 eine neue Bäckerei in Vitte baute und die »Schwarze Mühle« anstelle der abgebrannten alten errichtet wurde, war er Müller und Bäckermeister mindestens schon in zweiter Generation. So weit reicht die Schwartz'sche Familienchronik zurück.
Seine Mutter Auguste Schwartz (geb. 1844) hielt Familienrezepte übrigens mit säuberlicher altdeutscher Handschrift in einem Haushaltsbuch fest.«

Rosemarie Schubert
Schwester von Horst Löwe, aus Vitte

Pudding von Reisgrieß und Fruchtsaft*

*nach Originalrezept von Auguste Schwartz

Die gewaschenen und verlesenen Früchte werden mit einem knappen Liter Wasser aufgekocht. Etwa 20 Minuten bei mittlerer Hitze weiterkochen. Dann durch ein Tuch pressen und den Saft auffangen.
Die Mandeln werden heiß überbrüht, kalt abgeschreckt, abgezogen und ganz fein zerstoßen. Den Fruchtsaft dann mit dem Zucker und den Bittermandeln noch einmal aufkochen, dabei ständig rühren. Den Reisgrieß mit wenig Wasser anfeuchten und dazugeben. So lange rühren, bis ein dicker Brei entsteht. Eiweiß zu steifem Schnee schlagen. Den Früchtebrei vom Feuer nehmen, 2-3 Minuten abkühlen

> je 300 g Johannisbeeren und Himbeeren
> 200 g Zucker
> 8 bittere Mandeln
> 200 g Reisgrieß
> 4 Eiweiß

lassen und dann den Eischnee unterziehen.
Eine Puddingform oder Schüssel mit kaltem Wasser ausspülen und die Masse zum Erkalten hineinfüllen. Die Rote Grütze mit kalter Vanillesauce oder Schlagsahne, die mit Vanille und Zucker verfeinert wurde, servieren.

»**D**er letzte Vitter Insel-Bäcker in unserer Familie war Augustes Urenkel Horst Löwe. Geradezu berühmt waren seine Riesen-Pfannkuchen – sogar über die Grenzen von Hiddensee hinaus. Das kam durch einen Zufall. Es muss in den Siebzigerjahren gewesen sein, als seine Brötchenteilmaschine einen Aussetzer hatte. Er benutzte sie, um den Pfannkuchenteig durch ein Gitter in 32 gleich große Portionen zu teilen. Durch den Defekt kam aber immer die doppelte Menge raus. Und zu DDR-Zeiten war das mit den Reparaturen ja so eine Sache: Man lebte mit Notlösungen. Er spritzte also einfach die doppelte Menge Marmelade in die Riesen-Pfannkuchen – und sie wurden schlicht **DER** Renner unter Einheimischen und Gästen!«

Rosemarie Schubert

Schwester von Horst Löwe, aus Vitte

Rindfleisch
mit Meerrettichsauce*

*Rezept von Lotte Löwe, geb. Schwartz (1911–1988),
Enkelin von Auguste Schwartz

Das Fleisch in einem Topf mit
kaltem Wasser bedecken,
salzen und zum Kochen bringen.
Abschäumen und das geputzte
Suppengrün hinzufügen.
Etwa 1 Stunde garen lassen.
Rindfleisch aus der Brühe heben
und in Würfel schneiden.

800 g Rindfleisch
1 Bd. Suppengrün
Salz
20 g Fett
20 g Mehl
1/2 l Brühe
1/4 Stange Meerrettich

Dann in einer Pfanne eine helle
Schwitze aus Fett und Mehl
bereiten. Nach und nach die
Rinderbrühe dazugeben, bis eine
sämige Sauce entsteht.
Vom Feuer nehmen und den
geriebenen Meerrettich hinein-
rühren. Salzen nach Geschmack.
Die Fleischwürfel wieder dazugeben und mit Kartoffeln oder
Klößen reichen.

Geschmortes Gänsefleisch
mit gebratenen Äpfeln*

*Rezept von Lotte Löwe, geb. Schwartz (1911–1988),
Enkelin von Auguste Schwartz

Man legt das gewaschene Gänsefleisch in einen Schmortopf und gießt ganz wenig Wasser darauf. So lässt man es garen und legt noch die Äpfel dazu. Dann nimmt man beides aus dem Sud, schüttet das Mehl hinein, verrührt es mit dem Fett und gießt dann gleich Wasser hinzu. Zuletzt kommen Salz und Sahne hinein.

250 g Gänsefleisch
10 g Mehl
3/8 l Wasser
Salz
1 EL saure Sahne
250 g Äpfel

Falscher Hase*

*Rezept von Lotte Löwe, geb. Schwartz (1911–1988),
Enkelin von Auguste Schwartz

Das gehackte Fleisch wird mit geriebener Semmel und Kartoffel durchgerührt.
Dann das Gewürz dazu und wenn es nicht fest genug ist, noch Mehl. Die Fleischmasse wird länglich geformt und in einem Schmortopf angebraten.
Dann macht man an einer Seite die Sauce aus 20 g Fett, 20 g Mehl, 1/2 l Brühe, Salz und Pfeffer. Der Falsche Hase muss etwa 1 Stunde garen.

250 g Gehacktes (halb & halb)
50 g Fett, Salz
1 Zwiebel
Pfeffer, Muskat
2 EL Semmelmehl
1 rohe Kartoffel
2 TL Mehl
1/2 l Brühe

Hase?

Bratäpfel
mit Preiselbeeren

Die Äpfel waschen, trocken reiben und das Kerngehäuse ausstechen. In eine feuerfeste Form setzen und mit den Preiselbeeren füllen. Bei 200 Grad im Ofen ungefähr 15 Minuten backen. Dann auf jeden Apfel ein Butterflöckchen setzen und mit dem Zimt-Zucker bestreuen. Noch einmal für 10 Minuten in die Röhre und sofort heiß servieren.

4 säuerliche Äpfel
(z. B. Boskop)
8 EL Preiselbeerkompott
20 g Butter
3 EL brauner Zucker
1/2 TL Zimt

Preis!

Der Winter ist die Zeit der Besinnung und Ruhe, in der früher die Netze geflickt und inseltypische Bräuche gepflegt wurden. Zwar gab es zur Weihnachtszeit schon seit dem 16. Jahrhundert geschmückte Tannen oder Fichten in den Häusern, auf Hiddensee aber waren diese Bäume rar. Findige Einheimische erfanden daher den Bügelbaum. An einem oben zugespitzten Besenstiel wurden kleinere und größere Weidenruten-bögen befestigt und mit Wacholder, Buchsbaum oder dünnem Seidenpapier umwickelt. Neben je einer Kerze pro Bogen ließ der übrige Schmuck vor allem Kinderherzen höherschlagen: kleine rote Äpfel, Backpflaumen, Nüsse und Lebkuchen in Form von Fischen, Vögeln und dem »Kinjesköpping« (der Jesuskind-Puppe). Ganz oben thronte ein Lebkuchen-herz. Und nach Weihnachten durften die Kinder den Baum »plündern«. Diese alte Tradition, in der Vorweih-nachtszeit einen Bügelbaum zu schmücken, findet übrigens wieder mehr und mehr Anhänger auf Hiddensee.

Warmer Hoppelpoppel

Die Sahne mit dem Zucker unter ständigem Rühren zum Kochen bringen und vom Feuer nehmen.
Die Eidotter mit der Milch vermengen, langsam in die erkaltende Flüssigkeit laufen lassen und weiterschlagen. Unter ständigem Rühren schließlich auch den Rum zufügen. Heiß servieren.

250 ml süße Sahne
4 Eidotter, 250 ml Rum
1 Schuss Milch
Zucker nach Geschmack

Während auch die Rügener und Hiddenseer Kinder über Jahrhunderte mit Dünnbier als Hauptgetränk groß wurden, gönnten sich die Eltern gern einen Rotspon. Dieser Rotwein war zumeist ein Bordeaux, den die Hanse via Lübeck importierte und der in Fässern aus den Spanischen Pyrenäen gelagert wurde. Das spanische Wort für diese Fässer war »Spon«, daher rührte der Name des Weines.
Die Seefahrer und Fischer indes sollen für den heißen Grog an kalten Tagen gesorgt haben, denn der Rum als dessen Hauptbestandteil war ein typischer Seeleute-Schnaps. Um auch dem heißen Punsch noch eine nahrhafte Note zu verleihen, wurde er gern mit Eiern kombiniert.

Hagebuttenlikör

Die Hagebutten vom Kopf-
kranz befreien und waschen,
dann abtrocknen. Die Früchte
der Länge nach aufschlitzen und
die Kerne herausdrücken.
Dabei nicht allzu stark quetschen; verbleibende Rückstände
schaden nicht. Die so vorbereiteten Hagebutten abwechselnd
mit dem Kandiszucker in ein gut
schließendes Glasgefäß schichten. Mit Rum aufgießen und
verschließen. Im Keller aufbewahren, gelegentlich auf den
Kopf stellen und wieder zurück-
drehen.
Nicht vor Weihnachten öffnen.
Dann durch ein Mulltuch filtern
und auf kleine Flaschen ziehen.

500 g Hagebutten
150 g weißer Kandis
1 Flasche weißer Rum (42 %)

Ummanz & West-Rügen

Der Westen der Insel zählt zu den am dünnsten besiedelten Gebieten Norddeutschlands. Eingebettet in die malerische Boddenlandschaft könnte man ihn als den Ruhepol Rügens bezeichnen. Im Frühjahr und Herbst rasten hier Zehntausende Kraniche vor ihrem Weiterflug und sorgen für ein überwältigendes Schauspiel der Natur. Den einstigen Herren von Rügen mag der Westen am meisten zugesagt haben, denn die Gegend ist außerordentlich reich an Gutshäusern und früheren Rittergütern. Der Grund dafür ist sicher in der Tatsache zu finden, dass das flache Land zwischen der Wittower Fähre, der Insel Ummanz und dem Jasmunder Bodden zu den fruchtbarsten Flecken Rügens gehört. Der Haupterwerb lag neben der Fischerei daher schon früh in der Landwirtschaft.

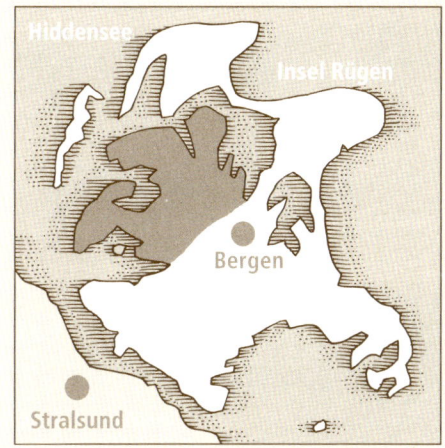

Die Insel Ummanz wird oft als kleine oder stille Schwester Rügens bezeichnet. Platt wie eine Flunder erhebt sie sich kaum mehr als drei Meter über das Meer und ist von Weiden, Wiesen und Äckern bedeckt. Wahrscheinlich ist man deshalb Himmel und See besonders nah. Reiher, Gänse, Kormorane und sogar Adler sind hier zu Hause.

Ummanz ist seit 1901 durch eine Brücke mit Rügen verbunden. Und erst im Jahr 1953 brannte hier erstmals elektrisches Licht.
Der größte Ort der Gegend ist Gingst. Ältester Beleg für die Existenz des Dorfes »Ghynxt« ist eine Abgabenquittung aus dem Jahre 1232. Der Ort entwickelte sich zu einem bedeutenden Marktflecken. Eine der historischen Handelsstraßen, die sogenannte Heringsstraße, führte von Stralsund kommend über Samtens, Gingst und Trent bis auf die Halbinsel Wittow.

Handwerk und Handel brachten Gingst zur Blüte, ließen es zum drittgrößten Ort der Insel werden.

Fast 50 Berufe sollen im Mittelalter hier ausgeübt worden sein. Angefangen von den Töpfern, Bäckern und Salzwerkern bis hin zu den starken Zünften der Schuhmacher, Schneider und Weber. Je mehr sie sich vom Haupterwerb Landwirtschaft lösen konnten, desto besser war die soziale Stellung der spezialisierten Dorfhandwerker. Solange Gingst Marktrecht hatte, gab es Privilegien für die einheimischen Handwerker.

Das mussten zähneknirschend auch die Händler aus Stralsund respektieren, denen zeitweise das Handeln mit Tuch in Gingst untersagt war.

Pastor Johann Gottlieb Picht schrieb Geschichte, als er 1773 für die ersten Familien in Gingst die Leibeigenschaft aufhob, fast 50 Jahre früher als im übrigen Land. Picht förderte Schule und handwerkliche Ausbildung, gründete das »Amt der Damast- und Leineweber zu Gingst« und führte damit die Tradition der Gingster Weberei zu einem neuen Höhepunkt.

Die Produkte waren weit über die pommerschen Grenzen hinaus bekannt und begehrt – von Nowgorod bis London. Sogar König Gustav von Schweden soll ein wertvolles Tafeltuch in Gingst bestellt haben, eingewirkt eine Schafherde mit Schäfer und Hund. Erst 1912 meldete der letzte Gingster Weber sein Gewerbe ab.

Die Historischen Handwerkerstuben in Gingst bewahren nun die Zeugen der alten Blüte für die Nachwelt auf.

Wer heute in den Westen Rügens kommt und ihn nicht nur auf der Durchreise nach Hiddensee oder Wittow erlebt, findet dort noch viel unberührte Natur. Landgasthöfe, Märkte und Bauernhöfe bieten Produkte nah am Ursprünglichen und im Gleichklang der Jahreszeiten. Spargel also im Frühjahr bei Bauer Lange oder Geflügel zum Winter bei Bauer Kliewe. Der Trend geht weg vom Überfluss und Immer-Verfügbaren hin zu dem, was nötig und gesund ist. Es gibt so etwas wie die Wiedergeburt der alten Rezepte: Schwarzsauer von der Gans, Geflügelsülze, Entenbraten, Kartoffeln mit eingelegtem Hering nach Art des Hauses oder selbst gebackener Kuchen wie bei Oma. Das Ganze gewürzt mit ein wenig Pfiff und Experimentierfreude. Hauptsache frisch und aus besten Zutaten der

Region. Denn Qualität – durchaus gepaart mit modernem Komfort – ist das, was Besucher heutzutage wiederkommen lässt.

Öhe-Salzwiesen-Rumpsteak mit Rotweinschalotten und Backkartoffel*

*Guten Appetit! wünscht Mathias Schilling von der Insel Öhe,
zu probieren gleich in Sichtweite der Insel, in »Keil's Gasthof« in Schaprode

Die Kartoffeln gründlich waschen und in Alufolie einschlagen. Bei 130 Grad etwa 35 Minuten in den Ofen schieben. Den Quark mit Salz und Pfeffer abschmecken. Eventuell den Quark mit etwas Milch glattrühren und Schnittlauch unterheben. Schalotten schälen, in Ringe schneiden und im Rotwein garen. Wenn sie weich sind, herausnehmen. Den Rotwein weiter bis zur Hälfte einkochen, salzen und pfeffern. Die kalte Butter nach und nach unterrühren. Dann die Schalotten wieder in die Sauce geben. Mit Honig und Balsamico-Essig abrunden.
Die Knoblauchzehe zerdrücken. Eine Pfanne mit Öl erhitzen. Die Steaks mit der Knoblauchzehe, Rosmarin- und Thymianzweig

4 Rumpsteaks à 150 g
1 Knoblauchzehe, 1 Rosmarinzweig, 1 Thymianzweig, Salz, Pfeffer, Olivenöl, 4 festkochende große Kartoffeln, 200 g Speisequark , frischer Schnittlauch, 3 EL Milch 600 g Schalotten, 1 l trockener Rotwein, 1 EL kalte Butter, Honig, Balsamico-Essig

in die Pfanne geben und von jeder Seite etwa 2 Minuten braten. Das Fleisch erst würzen, wenn es gewendet wird. Die Steaks nach dem Anbraten aus der Pfanne nehmen, in Alufolie wickeln und 3 Minuten ruhen lassen. Den Quark in die aufgeschnittenen Kartoffeln geben und mit Steak und Rotweinschalotten anrichten.

Die Insel Öhe ist ein kleines Eiland vor Schaprode. Schon im 14. Jahrhundert gab es ein Rittergut von der Öhe, seitdem ist das Eckchen immer im Besitz derselben Familie geblieben. Ida und Laurette Schilling – zwei sehr resolute Schwestern – brachten es zum Beginn des 20. Jahrhunderts sogar zu einer gewissen Berühmtheit. Sie ließen sich weder vom Gutsvorsteher von Streu noch den Fischern ihre Rechte streitig machen, nur weil sie dem »schwachen« Geschlecht angehörten. Und seit sie alten Aufzeichnungen zufolge einst auf Dohlen schossen, heißt es hartnäckig bis heute in den umliegenden Dörfern: »Vorsicht auf der Öhe, dort wird geschossen!« Dabei waren die beiden Schwestern sehr gebildet, weit gereist und legten auf der Insel sogar einen Park an. Ihr Neffe und Erbe Wilhelm Schilling war – ebenso wie später sein Sohn Carsten – Arzt. Und sein Name ist den Leuten wiederum in ausgesprochen guter Erinnerung. Der Nächste in der Ahnenreihe kehrt nun gewissermaßen zurück zu den Wurzeln: Mathias Schilling begann 2006 mit ökologischer Landwirtschaft auf der Familieninsel. An die 100 Rinder und 150 Schafe weiden heute auf den Salzgraswiesen.

Ostseescholle
im Ganzen gebraten*

*Guten Appetit! wünscht Thomas Heuts,
Inhaber in dritter Generation von »Keil's Gasthaus«
in Schaprode

Die Köpfe der Schollen entfernen und die Fische ausnehmen, Rogen oder Milch aber bleiben drin. Salzen, pfeffern, in etwas Mehl wälzen und auf beiden Seiten in einer heißen Pfanne mit Öl kross anbraten. Die Speckwürfel großflächig darüberstreuen, die brennen sich in den Fisch ein, so dass eine knusprige Kruste entsteht. Dazu gibt es Bratkartoffeln.

4 Ostseeschollen
Mehl
200 g gewürfelter
Räucherspeck
1 Zitrone
Salz, Pfeffer

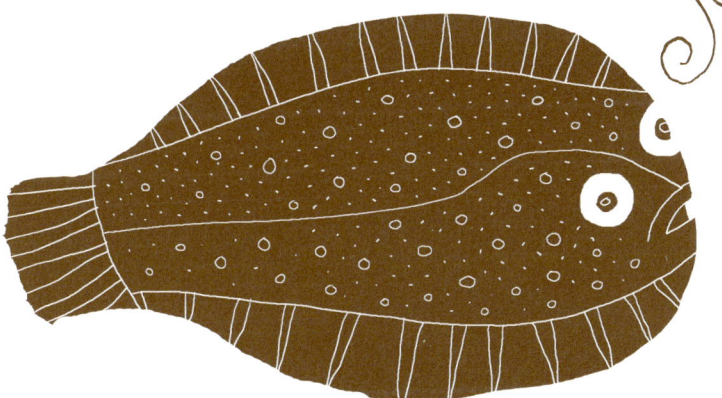

»Ich war etwa 6. Klasse, als mein Opa sagte: ›Junge, wenn du jemals die Kneipe übernimmst, dann verkauf bloß keinen Fisch. Die Leute sind verrückt nach Eiern.‹
Also zumindest in dieser Hinsicht hat sich der Geschmack der Leute doch geändert, denn heute geht bei uns Fisch am besten. Ansonsten aber war Opa ein Mensch, der offenbar sehr genau wusste, was die Leute wollen. Selbst prominente Künstler wie Asta Nielsen, Gret Palucca oder Walter Felsenstein kehrten gern bei ›Eier-Keil‹ ein. Viele haben ihn noch heute als Helfer in der Not in guter Erinnerung. Er kletterte sogar mal bis zur Spitze des Schaproder Kirchturms, um beim Schindel decken zu helfen. Und als in den 60ern die Brauereien mit dem Liefern alkoholfreier Getränke nicht nachkamen, kochte und kühlte er nachts kurzerhand Tee für die Gäste am nächsten Tag. Ach ja, und eine persönliche ›Weiße Flotte‹ hatte er auch: seine Gänseschar, die auf Zuruf laut angeschnattert kam.«

Thomas Heuts

über seinen Großvater Arnold Keil (1897–1975),
der 1937 »Keil's Gasthaus« begründete

Lachs auf Sellerie-Kartoffel-Püree*

*Guten Appetit! wünscht Dirk Strobel,
Inhaber vom »Gutshaus Strobel« in Ganschvitz

Das Gemüse waschen und putzen. Die Kartoffeln schälen, etwas zerkleinern und in Salzwasser kochen. Dabei einige Stängel vom Sellerie (ohne Blätter) mitkochen. Sellerie und Möhren in kleine Stücke oder Streifen, den Porree in feine Ringe schneiden. Das Gemüse in einer Pfanne anschmoren, mit der Brühe ablöschen und den gesalzenen und gesäuerten Fisch darauf etwa 20 Minuten dünsten. Am Ende den Honig unterrühren. Die Kartoffeln mit den Selleriestängeln stampfen, Milch und eventuell noch etwas Butter zugeben. Den Lachs im Gemüsebett servieren.

4 Lachsfilets
600 g Kartoffeln
1 Staudensellerie
3 Möhren
2-3 Stangen Porree
2 EL Öl
1/4 l Gemüsebrühe
Zitrone, Salz
2 TL flüssiger Honig
2 EL Milch

Das Gutshaus Strobel ist ein kleines ländliches Herrenhaus aus dem 17. Jahrhundert und etwas für Leute, die Tiere und die Natur lieben. Dalmatinerhündin Susi, Kater Homie, Lewitz-Schecken und 16 Bienenvölker sind dort zu Hause.
Der Hausherr kocht selbst für seine Gäste und seine Frau bietet Naturkosmetik-Behandlungen an. Allgegenwärtig ist der Honig der fleißigen Bienen. Ob auf dem Frühstückstisch, als i-Tüpfelchen im Gemüse oder bei der wohltuenden Honigmassage.

Überbackener Zander*

*Guten Appetit! wünscht Dirk Strobel,
Inhaber vom »Gutshaus Strobel« in Ganschvitz

Die Zanderfilets salzen und pfeffern und in reichlich Butter von beiden Seiten leicht anbraten. Mit der Haut nach unten in eine Auflaufform auf ein Bett aus dünn geschnittenen Zwiebelringen und Lorbeer legen. Das Ganze mit einer sehr dünnen Schicht Paniermehl bestreuen. Dann die saure Sahne darübergießen und Scheiben vom Edamer Käse darauf verteilen. Die braune Butter vom Anbraten des Zanders auf den Auflauf gießen und die Mandelstifte aufstreuen. Bei 150 Grad für etwa 20 Minuten in die Röhre schieben. Dazu Möhrengemüse mit Butter und reichlich gehackter Petersilie sowie Kartoffelpüree servieren.

4 Zanderfilets
2 Becher saure Sahne
200 g Edamer Käse
1 Zwiebel
2 Lorbeerblätter
50 g Butter
Paniermehl, Pfeffer, Salz
Mandelstifte
1 Bd. Möhren
1/2 Bd. Petersilie

Gefüllte Schmorgurken

Die Gurken schälen, der Länge nach halbieren und die Kerne mit einem Löffel ausschaben. Das Hackfleisch mit der eingeweichten Semmel, Ei, Salz und Pfeffer vermischen und mit der Masse die Gurkenhälften füllen. Speck und Zucker in einem Schmortopf anbraten und die Gurken hineinsetzen.
Mit der Brühe ablöschen und etwa 25 Minuten garen.
Den Topf von der heißen Platte ziehen und die saure Sahne unterrühren.
Je eine Gurkenhälfte mit Speck und Salzkartoffeln anrichten.

2 lange Gurken
250 g Hackfleisch
4 Scheiben durchwachsener Speck
1/4 l Brühe
1 Semmel (1 Tag alt)
1 Ei
2 EL Zucker
100 ml saure Sahne
Salz und Pfeffer

Gurke!

»Uns verschlug es nach dem Krieg nach Ummanz. Oma, meine Mutter und meine Schwester.
Ich war 16 und arbeitete beim Bauern für Essen und Trinken. Der hatte 13 Kinder und ich habe jeden Abend bei Laternenlicht Strümpfe gestopft. Strom gab es noch nicht. Später war ich beim VEG (Volkseigenes Gut) und hab unter anderem im Kuhstall gearbeitet.
Eines Tages kam der Brigadier Wilhelm Kast an: ›Betty, du sollst heute in die Küche.‹ Ich war völlig entsetzt. ›Was soll ich denn dort?‹ – ›Edith ist krank, du musst aushelfen.‹ Ich war noch nie in der Küche. Die Töpfe waren nicht rund, sondern länglich ausgebeult. Es gab kein Besteck, alles wurde mit dem Löffel gegessen, auch Schweinebraten. Und ich musste für 80 Leute Stampfkartoffeln kochen. Dazu gab's wahrscheinlich eingelegten Fisch. Das war mein erster Tag in der Küche. Und ich bin 30 Jahre lang geblieben.«

Betty Harms

Jahrgang 1929, aus Waase

Verlorene Eier
in Knoblauchsauce

Die Mayonnaise mit dem Weißwein gut verrühren. Den Knoblauch hacken und mit 1 TL Salz zu einer Paste zerquetschen. Zusammen mit ein wenig Pfeffer und dem Safran unter die Mayonnaise ziehen und langsam erhitzen. In einem anderen Topf 1 Liter Wasser mit Essig zum Kochen bringen. Die Eier einzeln in eine Kelle aufschlagen und eins nach dem anderen in das siedende Wasser gleiten lassen. 3 Minuten darin garen und dann vorsichtig herausheben. Zum Warmhalten in leicht gesalzenes, warmes Wasser legen.
Die Brotscheiben beidseitig mit Butter bestreichen und in einer Pfanne knusprig rösten.

100 g Mayonnaise
3 EL Weißwein
2 Knoblauchzehen
Salz, Pfeffer, 1 Prise Safran
4 Eier
2 EL Essig
4 Scheiben Bauernbrot
2 EL Butter
1 EL gehackte Petersilie

Die Verlorenen Eier gut abtropfen lassen und auf je eine Brotscheibe legen.
Die Sauce darüber verteilen und mit Petersilie bestreut servieren.

»1979 wechselte ich nach Tankow, ins Betriebsferienheim des Volkseigenen Gutes auf Ummanz. Dort haben wir immer so für 25 Urlauber gekocht und gebacken. Das Ferienheim war sehr abgelegen und beliebt bei Leuten, die nicht in der Öffentlichkeit gesehen werden wollten.

Einmal war sogar Franz Scharenberg da, der Chef-Küchenmeister aus dem Hotel ›Metropol‹ in Berlin. Der hat sich sehr nett mit mir unterhalten. Kam morgens beizeiten runter, hat mich mit Quatschen von der Arbeit abgehalten, aber dann auch beim Eindecken geholfen. Als wir einen Grillabend vorbereiteten, hat er sogar den Eiersalat gemacht, allerdings mit viel zu viel Salz. Als meine Chefin Anneliese kostete, hat sie mich böse angesehen: ›Betty, Betty!‹
Ich: ›Nee, nee, nix Betty. Das war der Scharenberg ganz alleine.‹ Der sah das überhaupt nicht tragisch.
Er schüttete den Salat kurzerhand in ein großes Sieb und hat ihn unter fließend Wasser abgespült. Anschließend neue Mayonnaise dran, würzen und beim Grillen hat's keiner gemerkt. Ich hab gedacht: Das gibt's nicht!«

Betty Harms Jahrgang 1929, aus Waase

Graupeneintopf
mit Kohl

Die Graupen in 2 Liter Wasser 30 Minuten kochen.
Dann den klein geschnittenen, mit heißem Wasser kurz überbrühten Kohl, gewürfelten Sellerie, das Fleisch, die zerkleinerte Zwiebel, Pilze und Gewürze zugeben und gut durchkochen lassen. Statt Fleisch können auch Wurstwürfel verwendet werden. Die lässt man im fertigen Eintopf warm ziehen.

150 g Graupen
1 kg Kohl
250 g Sellerie
250 g gegartes Fleisch
10 g getrocknete Pilze
1 Zwiebel
Salz, Piment
2 Lorbeerblätter

Geräucherter Wildschweinbauch mit Dörrobst und Kartoffeln*

*Guten Appetit! wünscht Henry Krüger, Küchenchef vom »Landgasthof Kiebitzort« hinter Lieschow

Das Dörrobst über Nacht in etwas Wasser einweichen. In einem Topf das Fleisch knapp mit Wasser bedeckt zum Kochen bringen. Die Zwiebeln schälen, eine davon in grobe Würfel schneiden. An die zweite Zwiebel mit den beiden Nelken das Lorbeerblatt stecken. Zusammen mit etwas Zucker zum Fleisch geben. Nach dem Aufkochen abschäumen, bei verringerter Hitze 50 Minuten garen. Die Kartoffeln waschen, schälen und in Würfel schneiden. Das Dörrobst im Durchschlag abgießen. Wenn das Fleisch fast weich ist, Kartoffeln, Dörrobst, Zitronensaft und Zimt beigeben. Alles zusammen noch etwa 15 Minuten köcheln lassen. In einem Topf die Butter erhitzen,

400 g Dörrobst (Pflaumen, Birnen, Äpfel), 500 g geräucherter Wildschweinbauch
2 Zwiebeln, 2 Gewürznelken
1 Lorbeerblatt, 1 TL Zucker
800 g Kartoffeln (z. B. Linda)
3-4 EL Zitronensaft
2 Prisen Zimt, 2 EL Butter
1 EL Mehl, schwarzer Pfeffer aus der Mühle, Salz

das Mehl einrühren und leicht bräunen. Mit so viel Kochsud ablöschen, dass eine sämige Sauce entsteht. Mit Pfeffer und wenig Salz abschmecken. Mit einer Schaumkelle Kartoffeln und Dörrobst aus der Brühe heben und unter die Sauce mengen. Das Fleisch in Portionen schneiden und mit Kartoffel-Obst-Sauce servieren.

»Der Name Kiebitzort stammt wohl schon aus der Schwedenzeit. Als es noch keine Deiche gab, müssen Tausende Kiebitze hier gelebt haben. Am schönsten finde ich die Weite, den Bodden gleich vor der Tür, den Artenreichtum ringsum und dass man hier die Stille noch hören kann. Selbst im August ist es recht abgeschieden. Eigentlich ist es ein Ort für Leute, die schon alles gesehen haben. Und sich jetzt auf das Wesentliche rückbesinnen wollen.
Ich liebe es, so dicht an der Natur zu leben. Abends kommt bei mir der Fisch in die Pfanne, der morgens noch im Wasser war. Und im Katzenhaus habe ich meinen Räucherofen.
Ich hab es erst mit Fisch probiert. Dann hab ich aber gemerkt, dass Fleisch zu räuchern viel einfacher ist. Ich hab alles ausprobiert: Wild, Wildgeflügel, Ziegen. Und mein Wildschweinbauch dürfte sicher einmalig sein …«

Henry Krüger

Küchenchef vom »Landgasthof Kiebitzort« hinter Lieschow

Gefüllter Gänsehals
mit Feldsalat und
gerösteten Walnüssen*

*Guten Appetit! wünscht Henry Krüger, Küchenchef vom
»Landgasthof Kiebitzort« hinter Lieschow

Vom Gänsehals vorsichtig die Haut abziehen, abspülen und trocken tupfen. Die abgelöste Haut innen und außen leicht mit Thymian, Salz und Pfeffer würzen, zusammenrollen und zur Seite legen.

Die Schalotten schälen, fein würfeln und in zerlassener Butter anschwitzen. Den Speck in kleine Würfel schneiden, die Leber fein hacken. Die Petersilie waschen, trocken tupfen und ebenfalls hacken. Die Brätmasse in eine Schüssel geben. Schalotten, Speck, Leber, das Ei und Semmelmehl untermischen. Die Füllmasse mit Zitronenschale, Cognac und Petersilie würzen und gut durcharbeiten. Die Haut aufrollen und an einem Ende mit Küchengarn zubinden.

1 frischer Gänsehals
(unbeschädigt, ohne Kopf)
Salz, 1/2 TL Thymian
schwarzer Pfeffer aus der
Mühle, 2 Schalotten
1 EL Butter, 30 g durchwachsener Räucherspeck
80 g Gänseleber
1/2 Bd. Petersilie
150 g feines Bratwurstbrät

1 Ei, 1 EL Semmelbrösel
1/2 TL abgeriebene Zitronenschale, 1 EL Cognac
2 EL Gänseschmalz
zum Braten
150 g Feldsalat
50 g grob gehackte,
geröstete Walnüsse
1 EL dunkler Balsam-Essig
3 EL Rapsöl, Pfeffer, Zucker

Die Masse mit dem Spritzbeutel oder einem Löffel in den Schlauch füllen, nicht zu fest, damit die Haut nicht reißt. Das obere Ende nun ebenfalls zubinden. In einer Pfanne das Schmalz erhitzen und den gefüllten Gänsehals rundum etwa 30 Minuten langsam knusprig braun braten. Etwas auskühlen lassen, das Küchengarn entfernen und den Hals in Scheiben schneiden.

Den verlesenen und gewaschenen Feldsalat mit einer Vinaigrette aus Essig, Öl, Salz, Pfeffer und Zucker marinieren und auf Teller portionieren. Die Gänsehalsscheiben auflegen und mit den gerösteten Nüssen garnieren. Dazu getoastetes Vollkornbrot reichen.

Blutwurst
mit Egerlingen*

*Guten Appetit! wünscht Christian Herbst, Küchenchef der »Alten Schule« in Gagern

Die Egerlinge säubern, in kleine Stücke oder Scheiben schneiden und anbraten. Mit Salz, Pfeffer und Thymian würzen und mit Balsamico ablöschen. In einer Schüssel einen Tag kühl ziehen lassen.
Die Äpfel ohne Kerngehäuse, aber mit Schale klein schneiden und in der Pfanne in Olivenöl anbraten.

200 g Gutsrotwurst
(oder Blutwurst)
250 g Egerlinge
(braune Champignons)
2 große, säuerliche Äpfel
Balsamico-Essig
Olivenöl
Thymian
1 Prise Zucker
Salz

Wenn die Stücken etwas weich werden, die Champignons dazugeben und als Letztes die klein geschnittene Blutwurst unterheben und kurz anrösten. Mit Thymian würzen und zum Servieren noch etwas Balsamico darüberträufeln.

»**N**ach der Wende wollten wir uns verändern und mein Mann hatte die Idee, eine Gaststätte aufzumachen. Im Konsum erfuhr er, dass die ›Alte Schule‹ leer steht. Wir fuhren her, um sie uns anzusehen. Die Holztäfelung im Gastraum war ja wirklich ein Traum – alles andere aber war eher ein Alptraum. Bauschäden an der Fassade, Loch im Dach, keine funktionierende Heizung, die hintere Tür völlig verrottet, die Toilette unter der Treppe nur mit Vorhang statt Tür. Es war gegen jede Vernunft, aber wir haben es gemacht. Haben im Ringtausch unsere 3-Raum-Vollkomfort-Wohnung in Bergen gegen eine 2-Raum-Altbau-Wohnung unsaniert getauscht. Wir haben gefroren und provisorisch im Durchgang neben der Treppe gekocht, später die Küche eingebaut und Gästezimmer eingerichtet. Im Nachhinein muss ich sagen, dass es schon eine harte Zeit war. Aber wir haben uns durchgeboxt und wissen nun, dass wir gemeinsam harte Zeiten durchstehen können.«

Thea Herbst

von der »Alten Schule« in Gagern

Gekochte Rinderbrust
mit Zwiebelsauce und Pastinakenpüree

Die Rinderbrust von Sehnen befreien und mit kaltem Wasser und dem geputzten und zerkleinerten Suppengrün aufsetzen. Abschöpfen und Pökelsalz dazugeben. 2 bis 2,5 Stunden auf ganz kleiner Flamme kochen, bis das Fleisch ganz weich ist. Inzwischen die großen Gemüsezwiebeln würfeln, in etwas Butter anschwitzen, mit Mehl überstäuben. Mit Rinderbrühe auffüllen, so dass die Zwiebeln gerade bedeckt sind und garen. Mit Salz und Pfeffer abschmecken.

1 kg Rinderbrust
1 Bd. Suppengrün
2 Gemüsezwiebeln
Pökelsalz
evtl. Sahnemeerrettich
4 Pastinaken
4 Kartoffeln
Milch, Butter, Mehl

**Die Pastinaken und die Kartoffeln gewürfelt in Salzwasser weich kochen und mit einem Schuss Milch sowie etwas Butter stampfen. Die Rinderbrust in Scheiben servieren und mit dem Püree und der Zwiebelsauce anrichten.
Je nach Geschmack Sahnemeerrettich zum Fleisch reichen.**

»**D**ie Schule in Gagern wurde 1845 gebaut. Nach der Schulreform 1972 hat die LPG das Gebäude weitergenutzt. Es wurde zum Klubhaus umgebaut und der große Saal für Feierlichkeiten mit einer Tanzfläche eingerichtet.
Die Gastronomie bestand im Wesentlichen im Aufwärmen von Bockwurst und Getränke-Ausschank. Als wir das Restaurant 1991 neu eröffneten, haben wir von Anfang an kleine leckere Sachen ausprobiert.
Bäcker Schewe in Gingst hat uns zum Beispiel Pasteten gebacken. Die gab es mit Feuerfleisch gefüllt als Vorspeise für damals 1,85 DM.
Die ›Alte Schule‹ liegt ja etwas abseits der bekannten Touristenpfade. Wir leben also nicht von zufälliger Laufkundschaft, sondern davon, dass zufriedene Gäste uns weiterempfehlen und wiederkommen. Und das schaffen wir nur mit ehrlicher Küche.«

Thea & Christian Herbst
von der »Alten Schule« in Gagern

Gänsebraten pommersche Art

Die vorbereitete Gans innen und außen kräftig salzen. Äpfel halbieren und entkernen. Zwiebeln abziehen und grob hacken. Die Gans mit Äpfeln, Zwiebeln und Thymian füllen und zunähen. 2 l Wasser in einen Bräter oder in ein tiefes Backblech gießen. Den Vogel mit der Brustseite nach unten bei 180 Grad 1 Stunde braten. Dann umdrehen und 90 Minuten weitergaren. Mit Bratensaft begießen. Sollte die Flüssigkeit verdampfen, warmes Salzwasser nachfüllen.

Den Rosenkohl putzen, waschen und mit je 1 TL Salz und Zucker in reichlich Wasser 10 Minuten garen. Abgießen und in eine gefettete, feuerfeste Form geben. Eier mit saurer Sahne und ge-

1 Pommerngans
6 Äpfel, 2 Zwiebeln
8 Zweige Thymian
Salz, Wasser
1 kg Rosenkohl
2 Eier
200 ml saure Sahne
Salz, Zucker, Muskatnuss
80 g Butter
4 EL Semmelmehl

riebener Muskatnuss verquirlen, darübergießen. Obenauf Semmelmehl verteilen und mit Butterflöckchen besetzen. Im Ofen 30 Minuten backen. Ist die Gans gar, auf eine Platte legen und im ausgeschalteten Ofen ruhen lassen. Bratenfond entfetten, aufkochen, mit Salz und Pfeffer abschmecken und andicken. Dazu Klöße oder Kartoffeln.

Sie war einst eine derartige Insel-Spezialität, dass sie noch heute in Züchterkreisen »Rügener Gans« heißt. Das schwere Geflügel, das etwa 8 Kilo Schlachtgewicht auf die Waage bringt, wird seit mehreren Jahrhunderten in Pommern, in der Uckermark und im nordöstlichen Brandenburg gehalten. Mittlerweile gehört der Vogel mit seinem grau gescheckten Gefieder zu den beliebtesten Geflügelrassen in Deutschland. Nahezu alle Teile wurden früher genutzt: Die Federn kamen ins Bett, der Braten auf den Tisch und aus den Schlachtabfällen kochte man das berühmte Schwarzsauer. Selbst der zähe Gänsemagen wurde noch gepökelt und geräuchert. Man raspelte ihn dann klein und vermischte ihn mit Essig, Zwiebeln und Thymian zu einem delikaten Brotaufstrich. Das Edelste an der Gans war die über Buchenholz geräucherte Brust, Spickgans genannt. Von der Pommerngans konnten die Rüganer also nie genug bekommen. So erklärt sich auch der Ausspruch: »Sonn Gaus is doch'n narschen Vogel. For ein is't bald'n bäten väl, für zwei weder lang nich naug.«*

*So eine Gans ist doch ein närrischer Vogel – für einen zu viel und für zwei nicht genug.

Ummanzer Stubenküken

Die Hühnchen oder das Suppenhuhn in kaltem Wasser mit 3 TL Salz zum Kochen aufsetzen, abschäumen und das geputzte Gemüse mitsamt dem Lorbeerblatt hineingeben.
Auf kleiner Flamme köcheln lassen, bei Stubenküken höchstens eine Stunde, bei einem Suppenhuhn 2,5 bis 3 Stunden. Dann die Brühe durchseihen, das Hühnerfleisch entbeinen und in mundgerechte Stücke schneiden. Butter auslassen, das Mehl darin kurz anschwitzen und mit der Brühe auffüllen.
Die so entstandene weiße Sauce mit der Sahne verfeinern und mit Zitronensaft, Salz und Zucker abschmecken. Dann die Fleischwürfel, die Krabben und die Erbsen hineingeben und nur

3 Stubenküken oder
1/2 Suppenhuhn, Salz
1 Bd. Suppengrün
1 Lorbeerblatt, 200 g Sahne
Saft einer Zitrone
250 g Krabben, 40 g Mehl
40 g Butter
150 g grüne Erbsen oder
Kaiserschoten
1 Tasse Reis, 1 Brühwürfel

noch warm werden lassen.
In der Zwischenzeit den Reis mit 2 Tassen kaltem Wasser und dem Brühwürfel aufsetzen, einmal aufwallen, herunterschalten und etwa 20 Minuten unter gelegentlichem Umrühren ausquellen lassen.
Auf den Tellern je einen Reisring anrichten und das Stubenküken-Ragout hineinfüllen.

Kliewes Entenbraten*

*Guten Appetit! wünscht Holger Kliewe
vom »Erlebnis-Bauernhof Kliewe« in Mursewiek

Die küchenfertige Ente waschen und trocken tupfen. Die Gewürze mischen und das Geflügel damit innen und außen gut einreiben. Für die Füllung Schwarzbrot und entkernte Äpfel in Würfel schneiden und mit den Backpflaumen mischen. Danach in die gewürzte Ente füllen und die Öffnung mit Zahnstochern verschließen. Die Fettpfanne des Backofens oder ein Backblech auf die unterste Schiene des Ofens stellen, um das Bratfett aufzufangen. Die Ente auf das Bratgitter legen und in die mittlere Schiene des Ofens einschieben. Die Garzeit richtet sich nach der Größe der Ente und der Beschaffenheit des Herdes. Als Faustregel sollte gelten, dass man je

1 Pommersche Landente (ca. 3 kg)
1 TL Salz
1/2 TL Pfeffer
je 1 EL gehackter Beifuß, Majoran und Rosmarin
100 g Backpflaumen
2 Äpfel
150 g Schwarzbrot

Kilogramm Geflügel 1 Stunde Garzeit rechnet. Die Temperatur sollte zwischen 160 und 180 Grad (Umluft) eingestellt sein. Nach dem Braten die Ente etwas ruhen lassen. Dann aus dem Ofen nehmen und zerteilen. Aus dem aufgefangenen Bratensaft eine Sauce bereiten. Dazu Rotkohl und Thüringer Klöße reichen.

»Einen klassischen Bauernhof betrieb unsere Familie hier schon seit Generationen. Meine Eltern haben sich vor allem mit Rassegeflügelzucht beschäftigt. Als mein Vater starb, musste ich mit meiner Mutter den ganzen Betrieb schmeißen. Da war ich erst 17. Später hab ich in Rostock studiert und mit 23 den Hof übernommen. Der heutige Erlebnis-Bauernhof ist erst nach der Wende entstanden. Schritt für Schritt haben wir unsere Ideen geplant und umgesetzt. Erst haben wir die Gänse und Enten nur geschlachtet, dann auch veredelt. Schwarzsauer, Salami, Sülze – alles vom Geflügel. Die Leute wollten sehen, wo die Produkte herkommen, also haben wir Hofladen und Gaststätte gebaut. Für die Kinder gibt's Streichelgehege, Ponyreiten und Einblicke in die Küken-Kinderstube. Und Eltern oder Großeltern können sich in Ruhe ihrem Essen widmen. Als Nächstes sind eine überdachte Reithalle und eine Erlebnis-Scheune geplant, um vom Wetter weitgehend unabhängig zu sein. Mal sehn, was wir danach machen. Die Ideen gehen uns jedenfalls noch lange nicht aus.«

Landwirt Holger Kliewe

Jahrgang 1963, Geflügelhof Kliewe in Mursewiek

Pellkartoffeln
mit Kräuterquark*

*Guten Appetit! wünscht Jan-Thomas Lange,
Bauer Lange® in Lieschow

Zuerst die Kartoffeln gründlich waschen und etwa 30 Minuten gar kochen. Man erkennt es daran, dass die Schalen leicht aufplatzen.
Den Quark mit dem Sauerrahm glatt rühren, dabei das Mineralwasser untermischen.
Die Zwiebeln und alle Kräuter waschen, klein hacken und unter den Quark mischen.
Anschließend mit dem Senf abschmecken, wobei die Menge je nach Bedarf gewählt werden kann.
Zum Schluss das Ganze mit Meersalz und Pfeffer abschmecken.

1,5 kg mittelgroße, möglichst festkochende Kartoffeln
350 g Speisequark
50 ml Mineralwasser
150 g Sauerrahm
je 1 Bd. Petersilie, Schnittlauch und Dill
1 TL Senf
1-2 Zwiebeln, Salz, Pfeffer

»Im Jahr 2000 haben wir angefangen, Spargel anzubauen. Wir dachten, so was gibt's nirgends auf Rügen und wir könnten ihn gut verkaufen. Irrtum! Keiner wollte unseren Spargel. Denn er war nicht künstlich gebleicht und auch mal krumm gewachsen. Kurz bevor wir die gesamte Ernte an die Schweine verfütterten, kam mir zum Glück über Nacht die rettende Idee: Wir würden den Spargel einfach kochen und selbst verkaufen. Dazu Kartoffeln und Schinken und fertig! Ganz so einfach ging das natürlich nicht. Aber Sie glauben gar nicht, wie vielen Leuten man mit so simplen Dingen wie Pellkartoffeln mit Leberwurst und selbst gemachter Butter oder Kräuterquark eine riesige Freude machen kann! Zurück zum Ursprung, was viele schon vergessen haben. Und natürlich mit frischen, wirklich hausgemachten Produkten. Unser Kräuterquark-Rezept ist übrigens mal durch mein Versehen so cremig geraten. Ich hatte beim Einkauf schlicht einige Packungen Sauerrahm statt Quark erwischt und unsere Frauen mussten das dann verarbeiten. Zum Glück, sagen sie heute.«

Landwirt Jan-Thomas Lange

Jahrgang 1966, aus Lieschow

Spargelsalat

Spargel?

Den Spargel schälen und in kleinfingerlange Stücke schneiden. Leicht gesalzenes Wasser zum Kochen bringen und die Spargelstücke darin knapp gar ziehen lassen. Das Ei hart kochen, abschrecken, pellen und hacken. Öl, Essig, eine Prise Salz und etwas Pfeffer vermischen. Den Spargel abgießen, etwas abkühlen lassen und dann mit zwei Dritteln der Marinade vermischen.

Eine flache Schüssel mit klein geschnittenem Frisée-Salat bedecken und die restliche Marinade darüberträufeln.
Die Spargelspitzen pyramidenförmig darauf stapeln und mit gehacktem Ei bestreuen.

500 g Spargel
Salz
4 EL Öl
2 EL Weißwein-Essig
Salz, Pfeffer
1 Frisée-Salat
1 Ei

Lammrücken unter Kräuter-Senfkruste, mit Steckrübengemüse und Thymian-Kartoffelkrusteln*

*Guten Appetit! wünscht Thomas Warnke, Küchenchef vom »Radisson Blu Resort« in Vaschvitz

Für die Kruste das Toastbrot entrinden und fein würfeln, Thymianblätter, Rosmarinnadeln und Petersilie fein hacken. Alles zusammen mit einem Ei, 2 EL Senf und 1 EL Butter zu einer glatten Masse verkneten. Mit Salz und Pfeffer aus der Mühle abschmecken.

Knoblauch schälen und vierteln. Lammrücken von der Silberhaut befreien und mit etwas Olivenöl in der Pfanne rundherum anbraten. Rosmarin, etwas Thymian und Knoblauch als Aromaten beigeben. Würzen mit Salz und Pfeffer aus der Mühle.

Den Backofen auf 75 Grad Ober- und Unterhitze vorheizen. Die Temperatur sollte während des Garens konstant bleiben.

Den Lammrücken mit Senf

360 g Lammrücken
Rosmarin, Thymian
glatte Petersilie
Salz, Pfeffer, Muskat
10 Schalotten
350 g mehligkochende Kartoffeln
250 g Steckrüben
Olivenöl
300 ml Lammfond

bestreichen und die Kruste flach und gleichmäßig darauflegen. Mit den Aromaten auf ein Backofenblech legen und etwa 30 Minuten im Ofen garen. Kartoffeln schälen und kochen. Wenn sie gar sind, leicht abdämpfen. Dann durch eine Kartoffelpresse drücken.

In die Masse 2 Eier, Mehl, fein gehackte Thymianblätter,

Muskat und Salz geben. Alles zu einem Teig verarbeiten.

Mit 2 Löffeln Nocken abdrehen und in heißem Öl (Fritteuse) knusprig ausbacken.

Steckrüben schälen und in gleichmäßige Würfel schneiden. Zucker in einem großen, flachen Topf hellbraun karamellisieren. Gemüsewürfel und Butter dazugeben. Curry überstreuen und andünsten. Mit dem Orangensaft ablöschen, mit Salz und Pfeffer würzen. Gemüse bei mittlerer Hitze bissfest garen.

Die Schalotten schälen, mit dem Rotwein und Lammfond in einen Topf geben, aufkochen und zugedeckt bei geringer Hitze weiter bis auf zwei Drittel einkochen lassen. Den Lammrücken aus dem Ofen nehmen.

Bratensaft vom Blech zur Sauce geben. Durch ein feines Sieb passieren und mit kalter Butter andicken.
Zum Anrichten das Fleisch vorsichtig aufschneiden, auf dem Teller drapieren und mit Sauce umgießen. Gemüse und Kartoffelkrusteln daneben platzieren.

200 ml kräftiger Rotwein
50 g Butter
2 Knoblauchzehen, Senf
3 Scheiben Toastbrot
3 Eier
25 g Mehl
50 g Zucker
1 TL Curry
0,1 l Orangensaft

»Einmal war ich mit Freunden unterwegs, und als sich so langsam der Hunger meldete, kamen wir eher zufällig bei Fischer Peters in Polchow (nordwestlich von Sargard am Großen Jasmunder Bodden) vorbei.
An dem Abend war gerade ein Fisch-Grill-Buffet aufgebaut und uns gingen die Augen über: zig verschiedene Fischsorten und -salate mit Saucen, Marinaden, Dips. Allesamt selbst hergestellt. Mit roter Zwiebel, Curry oder lieblich. Wir waren so begeistert, dass ich seitdem die Fischsalate für unser Frühstücksbuffet im Hotel nur noch dort bestelle. Immer drei verschiedene gibt es, täglich wechselnd. Was Ruben Peters aus heimischem Fisch macht, ist einfach und bodenständig, aber genial.«

Thomas Warnke

Küchenchef vom »Radisson Blu Resort« in Vaschvitz

Apfel-Quark-Auflauf
mit Zimt und Zucker

Mit einem Ausstecher das Kerngehäuse aus den Äpfeln herauslösen, die Früchte schälen und in dünne Scheiben schneiden. Das Brot in mundgerechte Würfel schneiden. Zucker und Zimt in einem Schälchen vermengen.

Eine Auflaufform dick einfetten. Brot und Apfelringe abwechselnd hineinschichten.

Dabei das Obst jeweils mit Zimtzucker bestreuen. Die oberste Schicht sollen Brotwürfel bilden, die man grob mit den Händen zerkrümelt hat.

Den Backofen auf 220 Grad vorheizen. Drei Eier, Quark, Sahne und 50 g Zucker mit dem Schneebesen gut verrühren.

1 kg Äpfel
350 g Brot vom Vortag
1 TL Zimt
150 g Zucker
250 g Quark
200 g Sahne
3 Eier
3 Eiweiß
2 EL Butter

Die drei Eiweiß steif schlagen und zum Schluss vorsichtig unterziehen. Quarkmasse auf dem Auflauf verteilen. Eventuell mit einigen Apfelringen garnieren. Butter in Flöckchen aufsetzen und alles 40 Minuten im Ofen backen. Noch heiß als Dessert oder auch zum Sattessen mit Vanillesauce servieren.

Mohnstreifen*

*Guten Appetit! wünscht Bäckermeister Günter Schewe
aus Gingst

Alle Zutaten für den Teig zusammenkneten.
Daraus einen länglichen Brotlaib formen und diesen 15 bis 30 Minuten gehen lassen. Für die Mohnfüllung 250 ml Wasser aufkochen und den Mohn einrühren. Danach von der Flamme nehmen und den Zucker sowie das Ei und einen Schuss Bittermandelaroma unterrühren.
Den Teig nun dünn auf die gewünschte Größe (etwa 30 x 55 Zentimeter) ausrollen.
Die etwas abgekühlte Mohnmasse gleichmäßig auf den Teig streichen, dabei einen Teigschaber oder ein großes Messer benutzen. Dann den Teig auf der langen Seite beginnend zusammenrollen und auf ein mit Backpapier bedecktes Blech legen.

Für den Teig:
475 g Mehl, 145 g Margarine
145 g Zucker, 2 Eier
80 g Hefe, ca. 90 ml Wasser

Für die Mohnfüllung:
250 ml Wasser
300 g gemahlener Blaumohn
200 g Zucker
1 Ei, Bittermandelaroma

Den Kuchen noch einmal ruhen lassen, je nach Temperatur zwischen 15 bis 45 Minuten.
Vor dem Backen mit einem scharfen Messer der Länge nach aufschlitzen.
Dann in den Ofen schieben und bei 210 Grad so lange backen, bis der Teig in dem Schnitt goldgelbe Farbe bekommt.

»**A**ls Kind wäre ich am liebsten Fliegeroffizier oder Biologe geworden. Aber zum Kriegsende war ich 15, mein Vater hatte die Bäckerei und ich wurde Bäcker. Und dann mochte ich den Beruf doch ganz gerne.
Ich bin ein eher konservativer Mensch. Wenn ich was anfange, dann mache ich es auch weiter. Und ich war ziemlich ehrgeizig. Mit 20 habe ich die Meisterprüfung abgelegt.
Alles, was ich gebacken habe, musste mir selber schmecken. Deshalb haben wir immer die besten Zutaten genommen und jeden Teig extra gemacht. Für jeden Kuchen den gleichen Teig – das gab's bei mir nicht! Die Mohnstreifen haben die Leute übrigens immer besonders gerne gekauft.
Als ich mich 1951 selbstständig machte, war ich der jüngste Bäckermeister auf Rügen. Und als ich 2003 aufgehört habe, der älteste.«

Günter Schewe

Jahrgang 1931, Bäckermeister a. D. aus Gingst

. . . .

Weiße Pfeffernüsse*

*Guten Appetit! wünscht Bäckermeister Günter Schewe
aus Gingst

Zucker, Butter und Ei schaumig rühren. Mehl, Milch, Nüsse und Zitronenschale, einige Tropfen Bittermandelaroma und eine Prise Salz dazugeben und ganz langsam mürbe rühren, bis sich der Teig von der Rührschüssel löst. Das in etwas Wasser eingeweichte Hirschhornsalz zum Schluss unterkneten.

Aus dem Teig Würste rollen, die gut daumendick sind und diese dann mit einem Messer in Scheiben schneiden. Die Scheibchen auf ein Blech mit Backpapier setzen, dabei mit drei Fingern zu kleinen Häufchen formen. Das Ganze bei etwa 210 Grad 7 bis 10 Minuten goldgelb backen. Abkühlen lassen und trocken verpacken, dann sind die Pfeffernüsse nahezu ewig haltbar.

500 g Weizenmehl
360 g Zucker, 150 g Butter
1 Ei, 60 ml Milch
4-5 g Hirschhornsalz (mit etwas Wasser einweichen)
75 g gehackte Nüsse oder Mandeln
15 g abgeriebene Zitronenschale
Bittermandelaroma, Salz

»An den Schneewinter 1978/79 kann ich mich noch gut erinnern. Die zentrale Versorgung mit Lebensmitteln war völlig zusammengebrochen. Und ich muss sagen, dass mir die Gemeinde damals jede Unterstützung gab, damit ich backen konnte. Morgens kamen 20 Männer, die wegen des Schnees nicht zur Arbeit fahren konnten, mit Schaufeln an und haben den gesamten Hof frei geschippt. Als die Kohlen alle waren, brachte ein Traktor Briketts aus der Schule herüber. Dann ging das Mehl zur Neige und ein Schwimmpanzer hat uns aus Patzig mit Mehl versorgt. Wir haben in zwei Schichten gebacken und im Laden stand einer von der Gemeinde, der darauf geachtet hat, dass keiner Hamsterkäufe machte. Na, da kamen manche mit einem Schlitten von weither und haben gleich 40 Brote fürs ganze Dorf geholt. Die Pfeffernüsse hier sind was ganz Traditionelles. Zu Weihnachten waren die immer der Renner.«

Günter Schewe

Jahrgang 1931, Bäckermeister a.D. aus Gingst

Buchweizenbrötchen

Den Backofen auf 180 Grad vorheizen. Alle Zutaten schnell mit dem Rührgerät zu einem glatten Teig verarbeiten. Mit zwei Esslöffeln Brötchen abstechen und auf ein mit Backpapier ausgelegtes Blech setzen. Die Brötchen nach Geschmack mit Sesam, Sonnenblumenkernen oder Mohn bestreuen. Im vorgeheizten Backofen 25 bis 30 Minuten backen.

100 g Buchweizenmehl
3 EL Buttermilch
ca. 50 ml Wasser
1 TL Meersalz
1 Prise Zucker
1 gestrichener TL Weinstein-Backpulver
Sonnenblumenkerne
Sesamkörner
Mohn

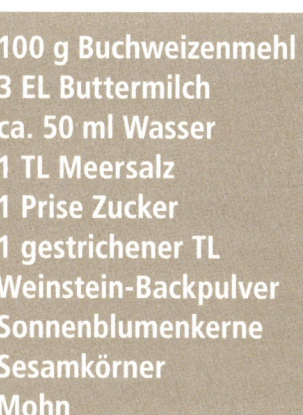

Buchweizen ist kein echtes Getreide, sondern ein Knöterichgewächs, das in anderen Gegenden auch als Heidenkorn, Welschkorn oder Blenden bezeichnet wird. Theodor Storm führte ihn unter dem Begriff »Türkischer Weizen« – wohl in der Annahme, Buchweizen sei einst über die Türkei nach Europa gekommen. Der Echte Buchweizen ist eine uralte Nutzpflanze, die wahrscheinlich zuerst in China kultiviert wurde. Bei uns hielt er im späten Mittelalter Einzug.
Was die Pflanze als Nahrungsmittel so erfolgreich machte: Sie gedeiht auf den anspruchslosesten Böden, sogar in ziemlich unfruchtbaren Heide- und Moorlandschaften.
Erst als sich die Kartoffel als Kohlenhydrat-Lieferant durchsetzte, verlor der Buchweizen an Bedeutung und verschwand fast ganz. Heute kommt er durch die Bio-Bewegung wieder zu neuen Ehren und ist vor allem für Menschen, die sich glutenfrei ernähren müssen, ein wertvolles Nahrungsmittel.
Buchweizen wird hauptsächlich in Naturkostläden als geschältes Korn oder als Grütze, in Flocken und als Mehl angeboten.

Schmandkuchen
mit Mandarinen*

*Guten Appetit! wünscht Olaf Müsebeck
vom »Museumscafé« in Gingst

Alle Zutaten für den Boden zu einem geschmeidigen Teig verarbeiten und auf einem gefetteten Blech verteilen. Die Mandarinen über einem Sieb abtropfen lassen. Den aufgefangenen Saft mit dem Puddingpulver kochen, Schmand und Zucker unterrühren. Zum Schluss die Früchte unter die Masse heben. Schmandschicht auf den Boden geben und den Kuchen bei 175 Grad etwa 45 Minuten backen. Auf den ausgekühlten Kuchen wird eine Glasur verteilt, die man aus dem Sanddornsaft und dem Tortenguss-Pulver bereitet. Abschließend werden Kokosraspeln auf den Kuchen gestreut.

Für den Boden:
150 g Butter
100 g Zucker
2 Eier, Backpulver
300 g Mehl

Für die Füllung:
1 große Dose Mandarinen
2 Pck. Vanillepudding zum Kochen
1 l Schmand, 120 g Zucker

Für die Glasur:
3 Pck. Tortenguss klar
750 ml Sanddornsaft
Kokosraspeln

»Ab 2000 hab ich angefangen, neben meiner Stelle als Museumsleiter auch das Museumscafé zu betreiben. Es ist in der ehemaligen Scheune des Museumsensembles untergebracht, ganz malerisch unterm Schilfdach. In den ersten Jahren hab ich eher die Mitarbeiter angeleitet, aber ab 2008 dann selbst gebacken. Es war gar nicht so einfach, sich die Zeit richtig einzuteilen. Vormittags einkaufen, Kuchen backen, Museumsdienst und am Nachmittag wieder im Café. Das lief immer auf mindestens einen 12-Stunden-Arbeitstag hinaus. Aber die Abwechslung macht Spaß. Ich hab eine ganze Menge übers Backen gelernt und viele interessante Gäste getroffen.«

Olaf Müsebeck

vom »Museumscafé« in Gingst

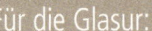

Pflaumen-Sesam-Kuchen*

*Guten Appetit! wünscht Ulrike Priedigkeit, Konditorin der »Rügener Kaffeerösterei« auf Ummanz

Für den Teig Mehl in eine Rührschüssel sieben. Puderzucker, Eigelb, weiche Butter oder Margarine und Wasser hinzufügen. Mit den Rührbesen des Handrührgerätes kurz auf niedrigster, dann auf höchster Stufe gut durcharbeiten. Anschließend auf einer bemehlten Arbeitsfläche zu einem glatten Teig kneten. Sollte er kleben, in Folie einwickeln und 30 Minuten kalt stellen. Zwei Drittel des Teiges auf dem Boden einer Springform ausrollen. Den Springformrand darum schließen und den Boden mehrmals mit einer Gabel einstechen.

Für den Teig:
250 g Weizenmehl, 100 g Puderzucker, 1 Eigelb, 180 g Butter oder Margarine, 1 EL kaltes Wasser

Für den Sesam-Guss:
150 g geschälte Sesamsamen
3 Eier, 250 ml Schlagsahne
100 g Puderzucker, 750 g Pflaumen
1 Msp. gemahlene Nelken

Im auf 180 Grad vorgeheizten Backofen etwa 20 Minuten vorbacken. Die Form auf einem Kuchenrost etwas abkühlen lassen. Den restlichen Teig zu einer Rolle drehen, auf den vorgebackenen Boden legen und einen etwa 3 Zentimeter hohen Rand formen. Die Sesamsamen in einer Pfanne ohne Fett goldgelb rösten und auf einem Teller

abkühlen lassen. Für den Guss die Eier mit Sahne, Puderzucker und Nelken gut verquirlen. Die Pflaumen waschen, abtrocknen, halbieren und entsteinen. Pflaumenhälften spiralförmig auf den vorgebackenen Boden legen und mit Sesam bestreuen. Den Guss vorsichtig darauf verteilen. Die Springform wieder in den heißen Ofen schieben und den Kuchen bei gleicher Einstellung in etwa 45 Minuten fertig backen. Die Form auf einem Kuchenrost etwa 10 Minuten abkühlen lassen, dann aus der Form lösen und endgültig erkalten lassen.

Sommertorte der Gräfin Douglas*

*Guten Appetit! wünscht Jan Ketel,
Konditormeister im »Schlosshotel Ralswiek«

Für den Mürbeteig Butter mit Zucker, Eigelb und Gewürzen schnell mit der Hand vermengen. Die Butter dabei nicht zu weich werden lassen. Das Mehl dazugeben und zu einem Teig kneten. Aus der Schüssel nehmen, zu einem flachen Block drücken, in Klarsichtfolie wickeln und im Kühlschrank mindestens 30 Minuten kühlen.

In der Zwischenzeit den Kakao-Biskuit zubereiten. Dafür die Eier mit Salz, Zucker und Vanillezucker mit dem Handmixer etwa 6 Minuten aufschlagen.

Mehl und Kakao zusammen in eine Schüssel sieben und dann mit einem Kochlöffel vorsichtig unter die steif geschlagene Eimasse heben. Den Biskuit in eine gefettete Springform füllen

Für den Mürbeteig:
50 g Butter, 25 g Zucker
1 Eigelb, 1 Pck. Vanillezucker
Abrieb von 1/4 Zitrone
1 Prise Salz, 80 g Mehl

Für den Kakao-Biskuit:
5 Eier, 125 g Zucker, 1 Prise Salz
100 g Mehl, 25 g Kakao
1 Pck. Vanillezucker

und bei 170 Grad etwa 8 Minuten anbacken. Dann die Temperatur auf 150 Grad reduzieren und weitere 10 Minuten backen. Mit einem Holzstäbchen eine Garprobe vornehmen. Ist der Biskuit durchgebacken, aus dem Ofen nehmen und sofort auf ein Backpapier stürzen. Dabei die Springform nicht öffnen, bis der Boden vollständig ausgekühlt ist.

Nach dem Erkalten in etwa 1,5 Zentimeter dicke Scheiben schneiden, so dass vier Biskuitplatten entstehen.

Nun den Mürbeteig aus dem Kühlschrank nehmen und auf einer bemehlten Arbeitsfläche ausrollen. Einen 26 Zentimeter (Durchmesser der Springform) runden Kreis ausstechen und auf einem mit Backpapier ausgelegten Blech platzieren.

Bei 180 Grad goldbraun backen, aus dem Ofen nehmen und abkühlen lassen. Für die Limetten-Mousse die Sahne steif schlagen und kalt stellen. Limettensaft mit 50 g Zucker einmal aufkochen lassen. Gelatine in kaltem Wasser aufweichen. Die Gelatine anschließend in dem heißen, aber nicht kochenden Limetten-

Torte!

Jedes Schloss, das etwas auf sich hält, hat natürlich auch einen Schlossgeist. Der von Ralswiek heißt Hugo. Wie der Erbauer des Adelssitzes, Hugo Sholto Graf Douglas, der sich das Haus 1893 nach dem Vorbild französischer Renaissance-Schlösser entwerfen ließ. Zwischen 2000 und 2002 wurde das Haus komplett saniert und zum Hotel umgebaut. Der rechte Turm aber wurde nicht wie das übrige Dach neu gedeckt. Denn dort soll Schlossgeist Hugo seinen Sitz haben. Hugo ist im Übrigen ein sehr verträglicher Kerl, nur etwas neugierig. Und so geistert er hin und wieder im Haus herum, um nach dem Rechten zu sehen. Dann kann es schon mal vorkommen, dass es poltert oder Fenster und Türen klappern …

saft auflösen. Eigelb, Eier und den restlichen Zucker im heißen Wasserbad aufschlagen, bis die Eimasse etwa 60 Grad erreicht hat. Es muss sich heiß am Finger anfühlen. Dann die Masse in einem Eiswasserbad abkühlen lassen. Dabei immer weiterschlagen, bis der Eischaum fest wird. Noch im Eiswasserbad den Limettensaft mit der gelösten Gelatine dazugeben und weiterrühren. Jetzt aus dem Eiswasserbad nehmen und die geschlagene Sahne vorsichtig mit einem Spatellöffel unterheben.
Nun die Torte zusammensetzen: Die Mürbeteigscheibe mit Himbeerkonfitüre bestreichen und mit einem Tortenring umstellen. Die erste Scheibe Kakaobiskuit einlegen. Den Tortenring bis

Für die Limetten-Mousse:
500 g Schlagsahne
Saft von 5 Limetten
2cl Limetten-Likör, 2 Eigelb
2 Eier
200 g Zucker
6 Blatt Gelatine
3 EL Himbeerkonfitüre
250 – 400 g frische Himbeeren
Mandeln oder Schokoraspeln

zur Hälfte mit Limetten-Mousse füllen und glatt streichen.
Dann drei Viertel der Himbeeren darauf verteilen. Die zweite Scheibe Kakaobiskuit auflegen und leicht andrücken.
Die restliche Limetten-Mousse einfüllen und die übrigen Himbeeren auflegen.
Die Torte für etwa 3 Stunden in den Kühlschrank stellen.

Abschließend aus dem Tortenring lösen und die Seiten mit Mandeln oder Schokoraspeln dekorieren.

Quittengelee

Quitten mit Küchenkrepp rundherum abrubbeln, Stiele und Blüten entfernen.
Die Früchte in mehrere Stücke teilen und mit etwa 1,5 l Wasser in einem großen Topf zum Kochen bringen. Zwischendurch den Zitronensaft hinzufügen. Etwa eine Stunde ohne Deckel köcheln lassen, so dass die Quitten ordentlich Saft hergeben. Anschließend durch ein sauberes Tuch seihen, die Quittenmasse zum Schluss ausdrücken.
Den so gewonnenen Saft erst einmal etwas abkühlen.

2 kg Quitten
Saft einer Zitrone
1 kg Gelierzucker 1:1

Einen Liter davon abmessen und mit dem Gelierzucker vermischt erneut zum Kochen bringen. Mindestens vier Minuten sprudelnd kochen und sofort in saubere, ausgebrühte Twist-Off-Gläser füllen. Sorgfältig verschließen und mindestens zehn Minuten auf den Deckel stellen. Die Gläser dann umdrehen und endgültig abkühlen lassen.

Rezeptverzeichnis

Getränke

Apfelpunsch à la Teutenberg | 92
Balkan-Express | 148
Binz-Cocktail 2010 | 126
Bridge over Baltic Water | 125
Hagebuttenlikör | 210
Höllentrank | 151
Hoppelpoppel, warmer | 209
Johannisfeuer | 150
Karibik-Feeling am Sund | 36
Rhabarber-Bowle | 124
Schaumbier | 35
Sekt-Cocktail | 149
Sturmbowle, Rügener | 91

Konserviertes

Confit von der Rehschulter | 55
Dattel-Chutney | 111
Eingelegte Backpflaumen | 90
Marmelade im Steintopf | 119
Pflaumenkonfitüre mit Schokolade | 46
Quittengelee | 240
Seife kochen | 40
Stachelbeergelee | 45
Winterkonfitüre | 121
Zwiebelkonfitüre | 120

Wegweiser

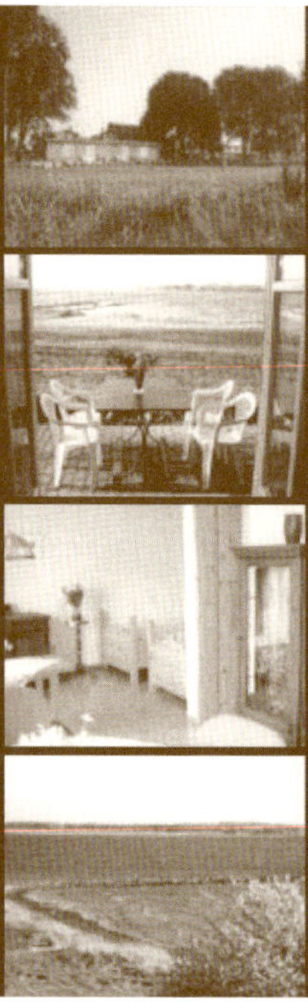

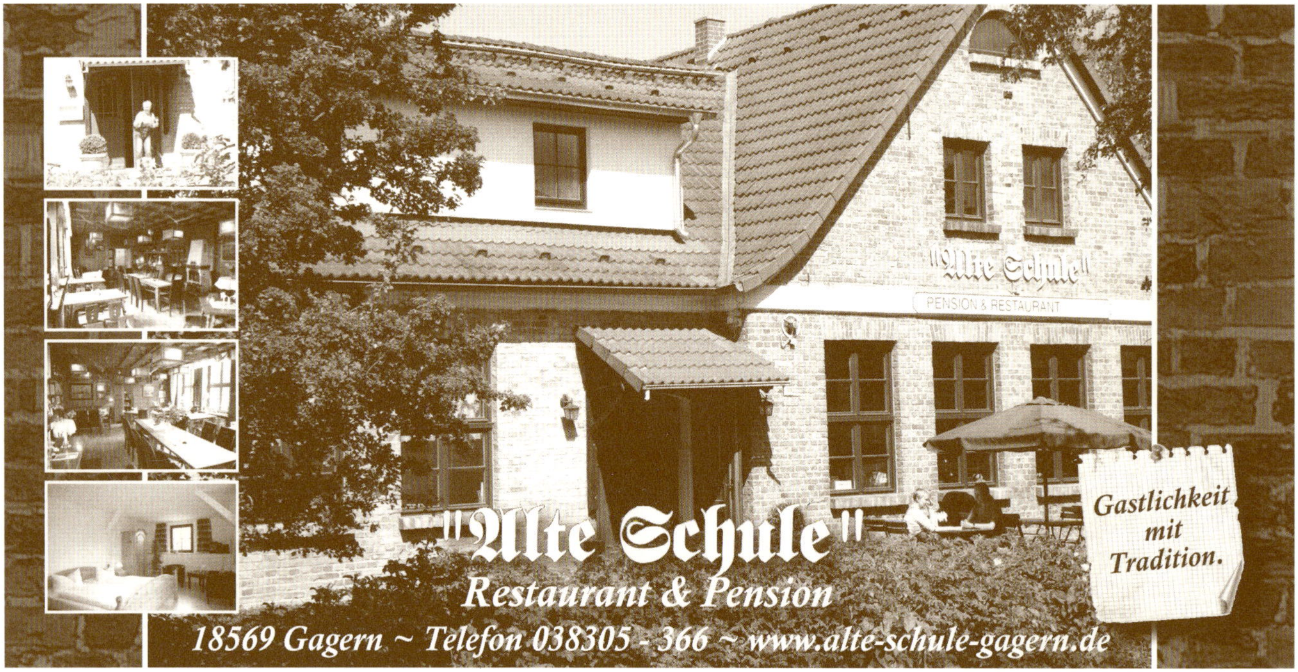
"Alte Schule"
PENSION & RESTAURANT
"Alte Schule"
Restaurant & Pension
Gastlichkeit mit Tradition.
18569 Gagern ~ Telefon 038305 - 366 ~ www.alte-schule-gagern.de

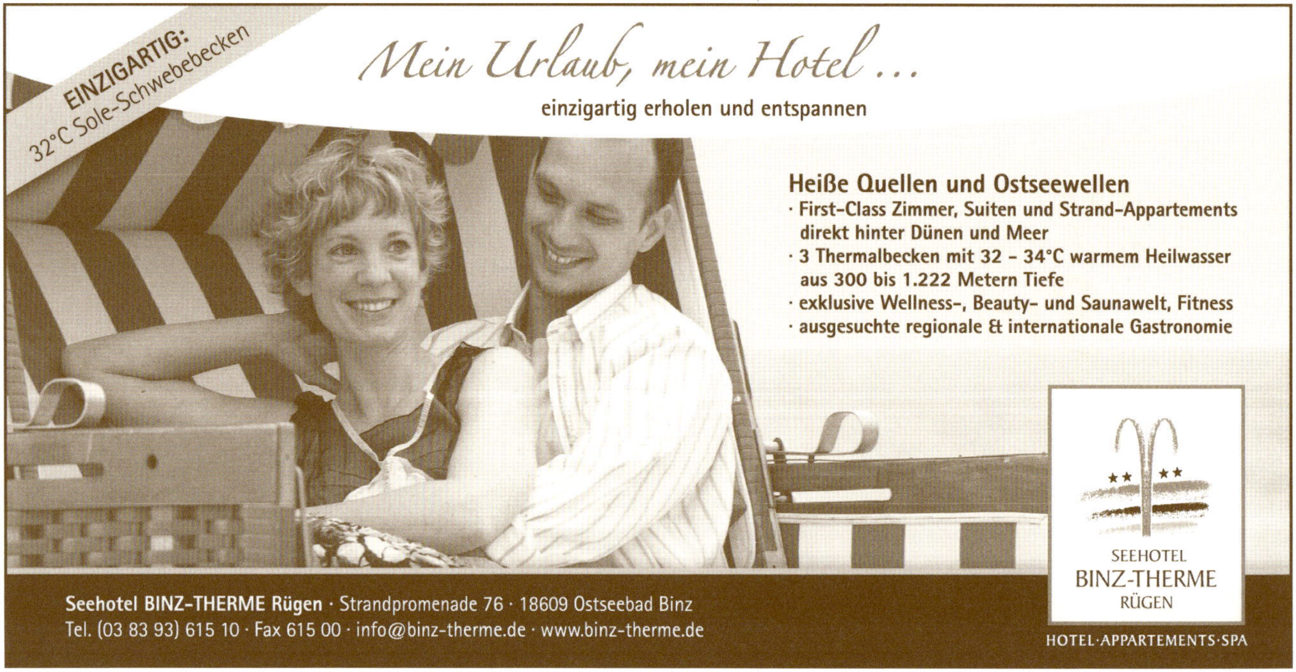
EINZIGARTIG:
32°C Sole-Schwebebecken
Mein Urlaub, mein Hotel ...
einzigartig erholen und entspannen
Heiße Quellen und Ostseewellen
· First-Class Zimmer, Suiten und Strand-Appartements direkt hinter Dünen und Meer
· 3 Thermalbecken mit 32 - 34°C warmem Heilwasser aus 300 bis 1.222 Metern Tiefe
· exklusive Wellness-, Beauty- und Saunawelt, Fitness
· ausgesuchte regionale & internationale Gastronomie
SEEHOTEL
BINZ-THERME
RÜGEN
HOTEL·APPARTEMENTS·SPA
Seehotel BINZ-THERME Rügen · Strandpromenade 76 · 18609 Ostseebad Binz
Tel. (03 83 93) 615 10 · Fax 615 00 · info@binz-therme.de · www.binz-therme.de

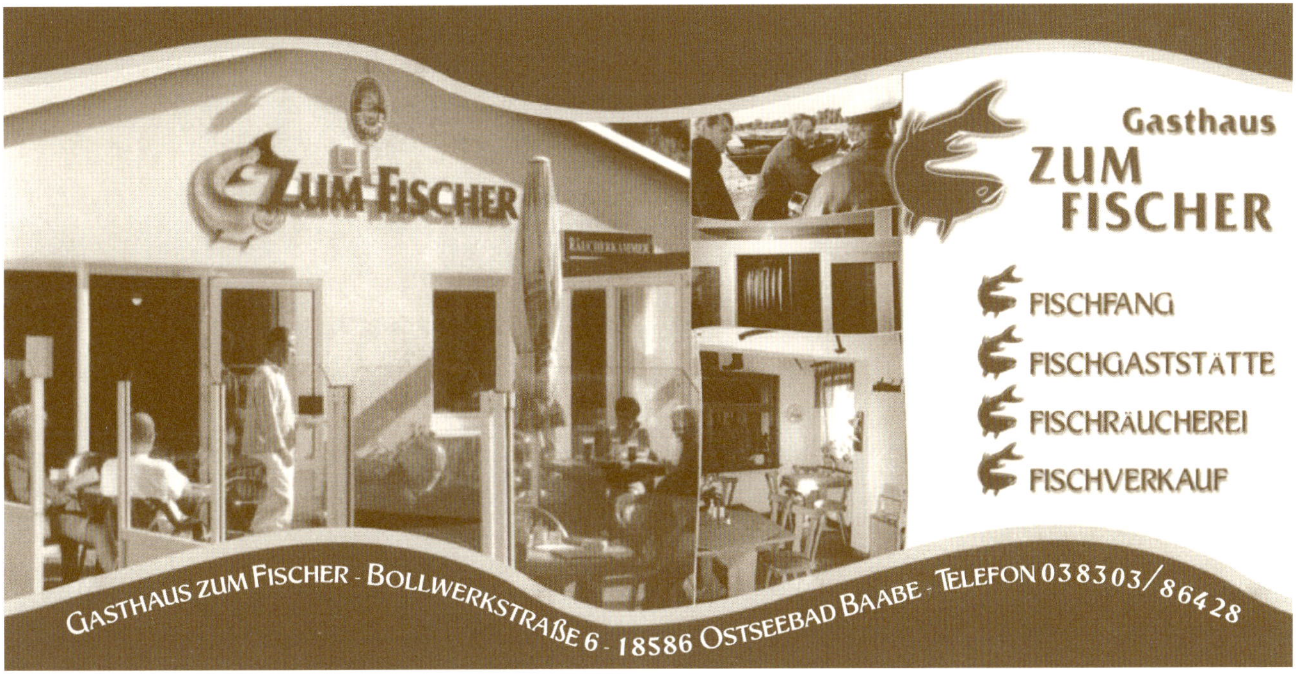

ZUM FISCHER
Gasthaus
ZUM
FISCHER
FISCHFANG
FISCHGASTSTÄTTE
FISCHRÄUCHEREI
FISCHVERKAUF
GASTHAUS ZUM FISCHER - BOLLWERKSTRAßE 6 - 18586 OSTSEEBAD BAABE - TELEFON 038303/86428

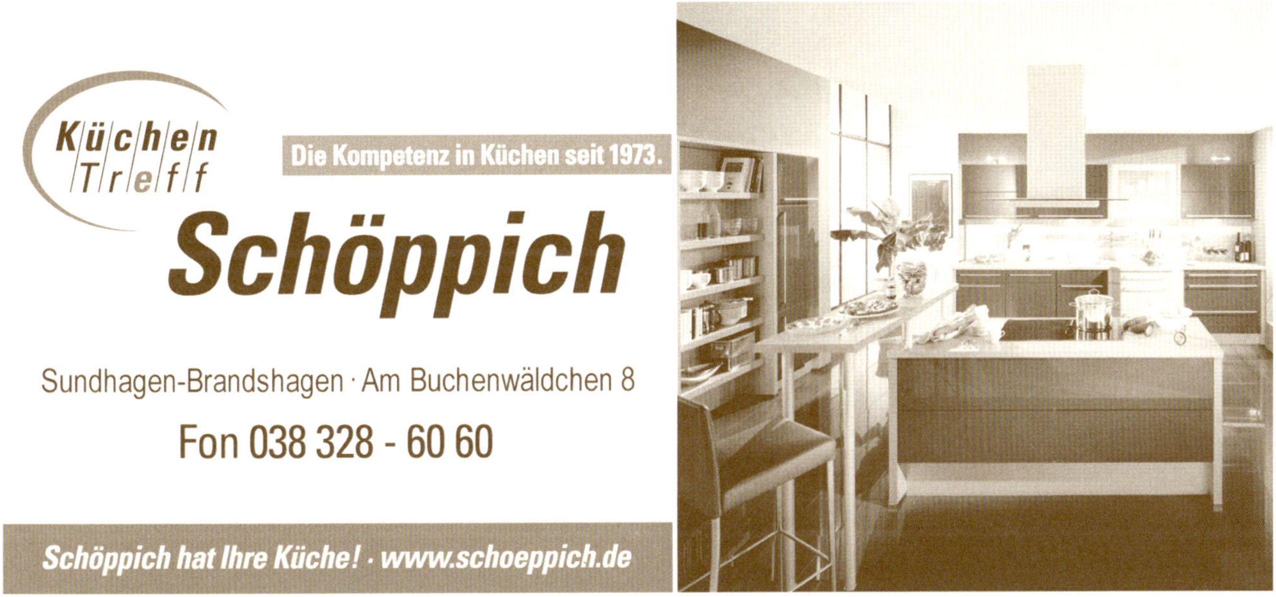

Küchen Treff
Die Kompetenz in Küchen seit 1973.
Schöppich
Sundhagen-Brandshagen · Am Buchenwäldchen 8
Fon 038 328 - 60 60
Schöppich hat Ihre Küche! · www.schoeppich.de

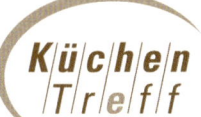